Johann Peter Nissen

Kleines Schleswig-ABC

Fotografien von Roland Pump

Husum

Ein Wort vorweg ...

Schleswig. Schleswig? Ja, genau: Schleswig! Ihnen muss man es doch sicher nicht sagen, dass nicht nur der nördliche Teil des nördlichsten Bundeslandes so heißt, sondern dass diesen Namen auch eine Stadt trägt, die auf eine Geschichte von 1200 Jahren zurückblickt: vor 150 Jahren ein Zankapfel der Weltpolitik, später dann am Rande der Geschichte abgestellt. Inzwischen zeigt man hier, was man hat: Fassaden von Adelspalais und Bürgerhäusern wurden restauriert, das Schloss herausgeputzt, und seit Kurzem geht der wiederhergestellte Barockgarten ins Rennen um die Aufmerksamkeit des Publikums.

Doch auch weniger Spektakuläres gibt es zu entdecken: gemütliche Backstein-Straßenzüge aus den 1920er-Jahren; Friedhöfe und Gedenksteine in Stadt und Umgebung, die an Schlachten des 19. Jahrhunderts erinnern; kleine Museen und Gärten, in denen man seinen Gedanken nachhängen kann.

Die Stadt zu erkunden ist nicht immer ganz einfach. Für einen Ort dieser Größe hatte Schleswig schon in früheren Zeiten eine bemerkenswerte Ausdehnung. Ein durchreisender Händler stellte einst fest: „Wie eine Fleischwurst lang und schmal am Rande einer Schüssel liegt, so hat auch Schleswig Stadt und Burg sich an den Rand der Schlei verfügt." Der Mann hatte irgendwie recht: damals, vor rund 300 Jahren, war die Altstadt gerade mit Schloss Gottorf und der Siedlung Friedrichsberg zur „combinirten Stadt Schleswig" zusammengefügt worden, verbunden durch den wirklich schmalen Straßenzug von Lollfuß und Stadtweg. Inzwischen, das bringen die Jahre so mit sich, ist auch die Schleistadt in die Breite gegangen. Was aber die Entfernungen betrifft: man sollte Schleswig mit dem Fahrrad erkunden, unbedingt. Vom Dom zum Holm zu Fuß, das ist kein Problem. Aber dann laufen Sie zum Schloss, zum Barockgarten, zum Friedrichsberg – Sie sind müde, wenn Sie ankommen. Ach so, Sie fahren Auto? Gut, gut, aber finden Sie mal einen legalen Parkplatz ... Mit dem Radl übrigens können Sie die Schleiuferpromenade entlangfahren – eine der wenigen Gelegenheiten in der Stadt, dem Wasser etwas näher zu kommen. Und das historische Haithabu erreichen Sie ebenso bequem wie die beachtlichen Überreste des Dane-

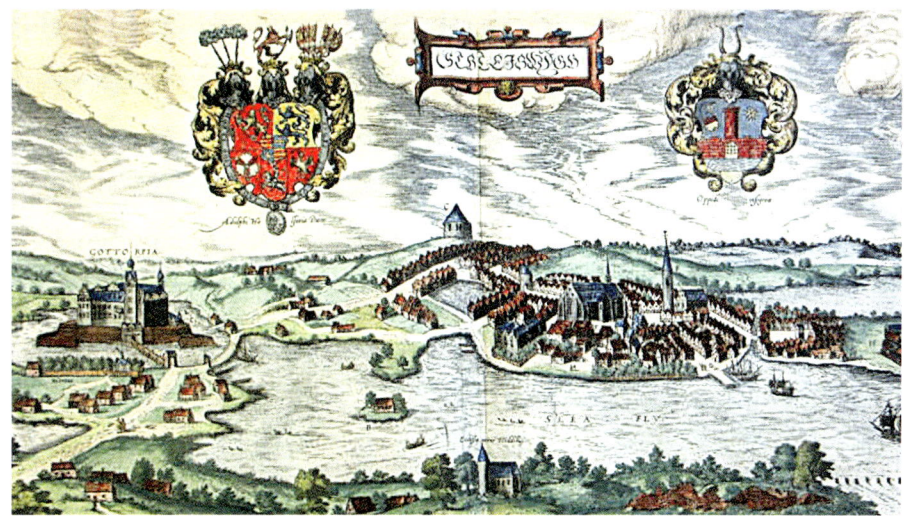

werks. Allerdings: Hoffen Sie nicht darauf, als Radler freundlich aufgenommen zu werden; Fahrradwege sind hier ebenso rumpelig wie anderswo auch – wenn es denn welche gibt.

Übrigens „Schlei" und „Promenade". Da hat die Stadt ein Pfund, mit dem sie wuchern könnte, die traumhafte Lage am Wasser, und was tut sie? Sie wendet sich fast desinteressiert ab. Wer nicht gerade vereinsmäßig segelt, rudert oder paddelt, bekommt von der Schlei ziemlich wenig mit. Der Holm? Weit-

gehend privat. Friedrichsberg? Dito. Der Hafen? Eher etwas für Freizeit-Kapitäne. Die Königswiesen?

Ja, die Königswiesen: hier ändert sich tatsächlich gerade etwas. Mit der Landesgartenschau entsteht auf dem zentral gelegenen Gebiet ein Stadtpark, in dem auch Nicht-Wassersportler spüren können, dass Schleswig eine Stadt am Wasser ist.

Gründe über Gründe, Schleswig neu zu entdecken. Auch wenn man glaubt, es seit Jahr(zehnt)en zu kennen.

Altstadt

Zwischen →Rathaus, →Dom und Hafen dürfte sich der Kern der Ortschaft auf dem Nordufer der →Schlei befunden haben – aber wann erfolgte der erste Spatenstich? Archäologen haben in den vergangenen Jahrzehnten bei einer Vielzahl von Grabungen in der Altstadt Höfe und Gräber, Fundamente von Kirchen und Häusern untersucht. Das älteste Gebäude hat man auf das Jahr 1071 datiert, tiefere Schichten lassen einen noch früheren Siedlungsbeginn vermuten. Die spannendste Frage rund um Schleswigs Anfänge beschäftigt die Altertumsforscher somit weiterhin: Wann genau und unter welchen Umständen ließen sich die ersten Bewohner auf dem Nordufer der Schlei nieder, in welchem Verhältnis standen sie zu →Haithabu?

Heute geht man davon aus, dass der Hafen am Haddebyer Noor nicht über das Jahr 1000 hinaus in Betrieb war. Das Altstadt-Gebiet war damals eine Halbinsel und viel besser zu schützen als der 1500 m lange Rundwall von Haithabu. Den ersten Hafen auf dem Nordufer vermuten Altertumsforscher am Holmer Noor – gefunden haben sie ihn bisher jedoch nicht. Was Archäologen aber mit Sicherheit festgestellt haben: Der hochmittelalterliche Hafen mit seinen „Kaianlagen" und „Hafenbrücken" lag im Vergleich zur heutigen Uferlinie rund 100 m landeinwärts. Vielleicht eine Erklärung dafür, dass die Straßen Hafengang und Hafenstraße ein ganzes Stück vom Wasser entfernt liegen.

Schaut man sich die Computer-Animationen des →Stadtmuseums an, so ergeben sich verblüffende Ähnlichkeiten mit den „Hafenanlagen" der Fischer auf dem →Holm: Abfall diente als Baumaterial für die Landungsbrücken. Schüttete man dann noch die „Hafenbecken" zu, wuchs die Stadt langsam aber sicher immer weiter in die Schlei hinein. Auch die Altstadt ist auf Mist gebaut: durch Siedlungsabfälle wurde der Grund um bis zu 6 m erhöht.

Auf dem Gebiet der Altstadt fanden sich Überreste einer größeren Zahl von Kirchen und Klöstern – für Historiker ein Beweis für die Bedeutung der Siedlung als Handelsplatz mit weitreichenden Verbindungen. Diese Stellung verlor Schleswig jedoch bald an Lübeck.

„Hafenanlagen" der Holmer Fischer. Die mit Abfällen aufgefüllten „Landungsbrücken" der ersten Handelsstadt auf dem Nordufer der Schlei sahen vermutlich ähnlich aus.

Später geriet die Altstadt auch beim Nahverkehr ins Abseits: mit dem Ausbau von →*Schloss Gottorf* änderten sich die Verkehrswege (→*Stadtgeschichte*).

Spaziert man heute durch die Altstadt, so trifft man auf einige beschauliche Straßenzüge und etliche sehr schön restaurierte Bürgerhäuser. Die ehemals „privilegierte Hofapotheke" am Rathausmarkt 14 beherbergt heute ein Café und ein Kunstgewerbegeschäft; das Gebäude wurde im Jahre 1517 errichtet, ursprünglich soll an dieser Stelle das Haus der Knudsgilde gestanden haben. Eines der ältesten Häuser der Stadt ist das Lundtenhaus in der Norderdomstraße 4. Das Haus wurde 1928 erneuert, der Treppengiebel dabei rekonstruiert.

Eines der ältesten Häuser der Stadt ist das Lundtenhaus in der Norderdomstraße 4. 1928 wurde das Gebäude erneuert, der Treppengiebel dabei rekonstruiert.
Vorige Seite: Im Freins'schen Haus am Gallberg 3 sind Teile der Bauverwaltung untergebracht.

Heute ist es das Gemeindehaus der Domgemeinde; vor langer Zeit gehörte es einer 1481 gegründeten Gilde. In der Langen Straße, in früheren Zeiten die Hauptzufahrt zur Altstadt, sticht vor allem die spätbarocke Fassade des Hauses Nr. 9 ins Auge. Das prächtige Gebäude wurde 1735 von dem Brauer Johann Jürgen Arbo errichtet. Die schlichtere Fassade des Giebelhauses Nr. 19 stammt ebenfalls aus dem 18. Jh., im Kern ist die Bausubstanz des restaurierten Gebäudes aus dem 16. Jh. Zwei historisch bedeutsame Häuser am Ausgang der Altstadt, fast schon in der Nähe des →Stadtweges, sind

Die Braukunst ernährte einst ihren Mann: barocke Prachtfassade von 1735 in der Langen Straße 9.

das Freins'sche Haus und der Schmieden-Hof. Sie wurden 1663 bzw. 1664 für wohlhabende herzogliche Beamte errichtet und zeichnen sich durch kunstvolle Fassadengestaltung aus. Heute ist hier die städtische Bauverwaltung untergebracht (Gallberg 3 und 4).

A Archäologisches Landesmuseum

Über das Prachtstück der Sammlung auf →*Schloss Gottorf* kann kein Zweifel bestehen. Es ist fast 23 Meter lang, über acht Tonnen schwer, besteht aus massiver Eiche und ist gut abgelagert und konserviert – es ruhte 1500 Jahre in Moor und Morast: das Nydamboot. Kein Wikingerschiff, sondern noch ein halbes Jahrtausend älter, wie die Dendrochronologie (Untersuchung der Jahresringe) ergab. Es stammt also aus jenen dunklen Zeiten, als die Angeln und Sachsen nach Britannien abgingen.

Kein Handelsschiff, sondern ein schlankes und schnelles Kriegsschiff: 30 Ruderer fanden auf den 15 Bänken Platz, insgesamt dürften 45 Mann die Besatzung gebildet haben. Die schlanke Form und die beiden gleichgestalteten Steven erlaubten hohe Geschwindigkeiten – in beide Richtungen. Ladung sollte das Boot nicht transportieren, Beute vielleicht; ansonsten nur die Kriegerschar. Es eignete sich bestens für militärische Operationen (sprich: Überfälle) im Ostseeküstenbereich. Ausgegraben wurde es vor rd. 150 Jahren im Nydam-Moor in Nordschleswig.

Die Chemie im Moor hat Materialien konserviert, die sich üblicherweise auflösen – jedenfalls in Zeiträumen

Das Nydamboot, 1500 Jahre abgelagert, wurde vor 150 Jahren aus dem Moor gezogen.

von Jahrhunderten. Neben dem Ny-damboot sind das hölzerne Werk-zeuge oder Waffen wie Pfeil und Bo-gen, aber auch Haut und Haar von Mensch und Tier. Mäntel, Hemden, Hosen, Gürtel oder Schuhe aus Wolle oder Leder und ebenso menschliche Körper – die „Moorleichen" aus der

Werkzeuge und Waffen aus Stein gehören zu den ältesten Stücken der Museumssammlung.

Eisenzeit zwischen 500 vor und 500 nach Christus.

Das „Mädchen von Windeby" etwa, die Leiche eines etwa 14-jährigen Mädchens, die man 1952 in der Nähe von Eckernförde fand. Ein Menschenopfer? Eine hingerichtete Ehebrecherin? Ein verhungertes Kind, geradezu liebevoll bestattet? Manchmal erlauben sich seriöse Wissenschaftler spekulative Höhenflüge, die selbst Boulevardjournalisten wahlweise erröten oder auch erbleichen ließen. Inzwischen hat eine kanadische Gerichtsmedizinerin festgestellt: Das Mädchen war ein Junge, und der litt offenbar an heftigen Zahnschmerzen.

Ein Prachtstück der Museumssammlung aus jüngerer Zeit ist eine Goldschmiedearbeit aus dem 11. Jh. Die kostbare Fibel (eine Brosche, mit der man Kleidungsstücke zusammenhielt) fand sich 1976 bei Ausgrabungen in der →*Altstadt* nahe dem Ufer der →*Schlei*. Etwa aus der gleichen Epoche (11./12. Jh.) stammen Särge von Schleswiger Friedhöfen, die sich an der Stelle des heutigen →*Rathaus*marktes befanden. Im Mittelalter galt der Lebensweg immer auch als Pilgerreise, im Zentrum aller Aktivität stand die Sorge um das ewige Heil. Und der Friedhof.

Die ältesten archäologischen Funde Schleswig-Holsteins – und die ältesten Museumsstücke – sind 120000 Jahre alt. Keramik sowie Werkzeuge und Waffen aus Stein geben Zeugnis vom langen Weg des Menschen von den Jägern und Sammlern der Altsteinzeit bis zu den Bauern der Jungsteinzeit. Besonders eindrucksvoll sind die kostbaren Gefäße aus Gold sowie Dolche und Schwerter aus der Bronzezeit, die etwa 1700 v. Chr. begann.

Funde aus der Zeit →*Haithabus* zeigt das →*Wikinger-Museum*.

Schwerter aus der Bronzezeit

Nachbildung

Backstein

Auch die norddeutsche „Heimat-schutz"-Bewegung hat in der Architektur Schleswigs ihre Spuren hinterlassen. Die in den 1920er-Jahren entstandene „Neustadt" ist kein natürlich gewachsener Stadtteil, sondern wurde planmäßig angelegt, eine Konzeption des von 1925 bis 1934 in der Stadt tätigen Baurats Julius Petersen (daher auch „Petersen-Viertel" genannt). Dabei wurde hier wie bei den Schulbauten dieser Zeit Backstein als das für Norddeutschland typische Material verwendet.

Das Gebiet um Chemnitz- und Bellmannstraße, Klaus-Groth- und Theodor-Storm-Straße hieß früher „Großhesterberger Koppeln" und wurde auch als Ackerland genutzt. Petersens Auftrag lautete, in diesem Baugebiet dem „Geschmack neuzeitlicher Wohnkultur" Rechnung zu tragen. Die Wohnungen waren für damalige Verhältnisse relativ geräumig, durchgängig verwendete rote Klinker und weiße Sprossenfenster ergeben ein einheitliches Bild; die meisten Häuser zieren Backstein-Ornamente im Stil der Zeit, Türen und Hauseingänge sind teils fast wie „Portale" gestaltet. (Eck-)Türmchen und Giebel, Erker und (Achtung: Heimatschutzgedanke!) „Utluchten" ergänzen das Bild. Eine Erhaltungssatzung von 1981 soll dafür sorgen, dass das Erscheinungsbild des Stadtteils auch zukünftig möglichst gewahrt bleibt.

Weniger Erfolg hatte der Stadtplaner Petersen bei dem Versuch, dem neuen Stadtteil einen Mittelpunkt zu geben. So war vorgesehen, Bellmann-Turnhalle und Höhere Landbauschule (1930 fertiggestellt) durch einen Turmbau zu verbinden, um hier einen städtebaulichen Akzent zu setzen. Der Plan fiel der Wirtschaftskrise zum Opfer.

Markante Klinker-Bauten sind die Schulgebäude jener Zeit. Die Bugenhagenschule wurde 1928 eingeweiht, die Schule am Gallberg 1929. Die Absicht des Magistrats, die Schule nach dem verstorbenen Reichspräsidenten Friedrich Ebert zu benennen, stieß in der hitzigen politischen Atmosphäre auf den Widerstand bürgerlicher Kreise: sie bewogen ihre Fraktionen eine Woche später, den Beschluss zurückzunehmen. Die Bezeichnung

Die Bugenhagenschule im Schleswiger Stadtteil Friedrichsberg: ein markanter Klinker-Bau der Weimarer Zeit

„Gallbergschule" bürgerte sich ein, inzwischen ist sie amtlich.

Das Bahnhofsgebäude im Stadtteil →*Friedrichsberg*, ebenfalls ein Backsteinbau in der Tradition der Heimatschutzarchitektur, wurde kurz nach dem Ersten Weltkrieg fertiggestellt. Eine dem „Petersen-Viertel" vergleichbare beschauliche Idylle bietet der Dr.-Kirchhoff-Platz auf der Gallberg-Höhe in unmittelbarer Nachbarschaft der →*Fachklinik*.

Barockgarten

Neun Jahre hat es gedauert von der Idee bis zur Verwirklichung, im August 2007 war es so weit: Der Gottorfer Garten Neuwerk, ein Glanzstück des Barock, war wiederhergestellt. Ab 1637, mitten im Dreißigjährigen Krieg, hatte Herzog Friedrich III. dieses Projekt verfolgt, 1660 setzte sein Sohn Christian Albrecht es fort. Entstanden ist ein Barockgarten mit Terrassen, Fontänen und einer Pflanzenvielfalt, die dem Fürsten ebenso viel Ruhm eintrug wie der →*Gottorfer Globus*. Nach dem Ende des →*Herzogtums* zu Beginn des 18. Jh. verfiel der Garten, eine ausgezeichnete Quellenlage ermöglichte jedoch die aufwendige Wiederherstellung.

Ein Barockfürst benötigte zum Zweck der Repräsentation einen nicht zu kleinen Garten, und so ließen die Gottorfer einen Park anlegen, der seinesgleichen suchte – zum Ruhme ihres kleinen, bettelarmen Herzogtums und vor allem zu ihrem eigenen Ruhm: Selbstdarstellung von Fürsten, die einem autonomen, absolutistisch geführten Staat vorstanden. „Neuwerk" hieß dieser Hortus Gottorpiae, der erste Garten der Fürsten von →*Schloss Gottorf* nämlich war er nicht.

Die Anlage befindet sich nördlich des Burggrabens – sie axial auf das Schloss auszurichten war aufgrund des feuchten, morastigen Geländes nicht möglich. Mittelpunkt und Prunkstück des ursprünglichen Gartens wie der heutigen Rekonstruktion war und ist der →*Gottorfer Globus*. Das moderne Globushaus wurde 2005 fertiggestellt. Der Garten zu Füßen dieses Globushauses folgt nicht nur in der Form der Beete, sondern auch in der Auswahl der Pflanzen dem barocken Vorbild. Alle hier blühenden Blumen finden sich schon im Gottorfer Codex, einer Sammlung von mehr als 1100 Pflanzendarstellungen aus der Entstehungszeit des Gartens.

Unterhalb des Parterres liegt ein rechteckiger Teich, in dessen Mitte ein Herkules von monumentalen Ausmaßen mit einer wasserspeienden Hydra kämpft – den antiken Helden sah man als Sinnbild fürstlicher Tugend und Macht. Fragmente der originalen Barock-Skulptur bargen die Restauratoren 1995 aus dem verschlammten Teich; sie werden im Lapidarium (lat. „lapis" = Stein) des Schlosses verwahrt; eine

Monumentales Symbol fürstlicher Tugend und Macht: Herkulesfigur im Wasserbecken unterhalb von Globushaus und Parterre (Nachbildung von 1997)

neuzeitliche Nachbildung steht seit 1997 am Platz der Original-Skulptur.

Nördlich von Herkulesteich und Globushaus ließ Friedrichs Sohn und Nachfolger fünf weitere Terrassen anlegen, die symmetrisch an einer Wasserachse mit Kaskaden, Freitreppen und Fontänen ausgerichtet und höchst repräsentativ gestaltet waren. Die Sandstein-Wasserbecken des rekonstruierten Gartens sind im Vergleich zum Original vereinfacht, die aus Buchsbaumhecken gebildeten geometrischen Muster umschließen Rasenflächen. Im 17. Jh. wuchsen hier Blumen und Stauden, wie sie heute wieder im Globusgarten zu sehen sind.

Die beiden nördlichen Terrassen zieren Pflanzenmuster aus Buchsbaumhecken, die an Stickereien erinnern (frz. „broderie"); ähnlich gestaltet sind die Monogramme von Herzog Christian Albrecht und seiner Gemahlin Friederike Amalie links und rechts des Globushauses.

Nach der Vertreibung der Hausherren aus ihrem kleinen Paradies – 1713 hatten dänische Truppen das Herzogtum besetzt – verfiel die Gartenpracht, zur Kasernenzeit schließlich wurden Parterre und Terrassen zu schnöden Reitplätzen degradiert. Dennoch: Die Struktur der alten Barockanlage blieb bis heute erkennbar, sie wurde nie bebaut oder verformt. Auch sind die verschiedenen Entwicklungsphasen durch detaillierte Gartenpläne und weiteres Quellenmaterial reich dokumentiert. Übrigens: Auf dem Gelände fanden sich etwa 20 sogenannte „Stinzenpflanzen", verwilderte Kulturpflanzen, die am Standort über Jahrhunderte ohne gärtnerische Pflege überdauert haben.

Bei allem Engagement, fertig wird der Garten nie; ohnehin gilt es, jährlich 3,5 km Hainbuchen-Hecken und 8 km Beeteinfassungen aus Buchsbaum penibelst zu schneiden.

Fast wie Stickereien: die Monogramme von Herzog Christian Albrecht und seiner Gemahlin Friederike Amalie

Nicht nur die →*Lollfußer* Bürger hatten 1651 die Erfahrung gemacht, dass in Schleswig „sehr schädliche Pestilenz, böse Fieber und andere vergiftige, klebende Pestilenzseuchen grassirt haben und viele Leute schleunigen Todes dahingestorben sein". Es gibt vier über 300 Jahre alte Totengilden bzw. Sterbekassen, alle stammen aus der Zeit zwischen 1629 und 1651, als die Pest im Lande herrschte: Alte, →*Friedrichsberger,* →*Holmer* und eben die Lollfußer Beliebung. Mit „Beliebung" war zunächst die Satzung gemeint, die man sich nach eigenem „Belieben" gab, die also nicht von der Obrigkeit verfügt worden war; später nannte man so die Gilde selbst.

Die Beliebungsbrüder hatten erlebt, dass bei plötzlichem Tod niemand hilfreich hinzutrat, niemand Trost spendete und niemand half, den Leichnam zu Grabe zu tragen. Sie schlossen sich zusammen, „um in Liebe und Leidt, zur Pestzeit oder auch zu anderer Zeit ... im Notfall beieinander(zu)treten und zusammen(zu)stehen ... als gute Nachbarn und Freunde, freiwillig

miteinander vereinigt und verbunden". Dafür stellte man eine Reihe überaus realitätsnaher, situationsgerechter Regeln auf, wer was bei einem Todesfalle zu tun habe und was in Pest- und Seuchenzeiten zu tun und was zu unterlassen sei.

Zum Beispiel sollten Erkrankte ihre Wohnung nicht verlassen, gleichzeitig durch Anmeldung ihrer Not bei den Älterleuten dafür sorgen lassen, dass sie mit den dringlichsten Hilfs- und Lebensmitteln versehen würden. Im Todesfalle war eine Grundversorgung mit Trauerritualen gewährleistet, je nach Stand und Geldbeutel ließen die sich jedoch durch Glockengeläut, Leichenpredigt oder Chorgesang aufstocken. Auf jeden Fall war die Leiche „christlich und gebührlich" unter die Erde zu bringen, weshalb auch die Träger „sich zuvor des Vollsaufens enthalten", sich auch nachher mäßigen „und wohl ohn Zank und Schlagen sich vertragen" sollten.

Woraus folgt, dass wohl auch in früheren Zeiten schon die nachbarschaftliche Geselligkeit nicht zu kurz kam. Diese wird heute gehegt und gepflegt, insbesondere beim jährlichen Beliebungsfest, bei dem jedoch die tradierten Regularien und Formalien streng eingehalten werden. Schapptüch, also schwarzer Anzug oder Smoking, schwarze Fliege oder Krawatte, weißes Hemd und Zylinder sind Pflicht, dazu eine rote Rose im Knopfloch. Pardon wird nicht gegeben, auch Gästen nicht.

Den geselligen Umgang mit dem Schießen (auf den Vogel) pflegen die drei (Schützen-)Gilden. Lollfußer und Friedrichsberger sind aus den Beliebungen entstanden, die Altstädter St.-Knudsgilde beruft sich sogar auf einen Bund von Bürgern und Kaufleuten aus der Zeit Herzog Knud Lawards. Mögen auch Bürgerwehr und Brandschutz Teil des Selbstverständnisses der Schützengilden gewesen sein, Frohsinn und Geselligkeit kamen auch früher nicht zu kurz. Heute feiern die Gilden ihr Fest alle drei Jahre im Wechsel. Von den Beliebungen unterscheiden sie sich dadurch, dass weiße Handschuhe als zusätzliche Requisiten unabdingbar sind.

Traditionspflege der Holmer Beliebung: Schapptüch, Statutenkiste, Umzug mit Spielmannszug

Brüggemann-Altar

Im Jahre 1666 ließ Herzog Christian Albrecht den von Hans Brüggemann geschnitzten Altaraufsatz in seine Hofkirche bringen, den Schleswiger →Dom – dies war die wichtigste Veränderung in der Ausstattung der Bischofskirche in nachreformatorischer Zeit.

Der Meister hatte das Retabel (Altaraufsatz) mit seinen Gehilfen in sieben Jahren geschaffen, gefördert durch den Gottorfer Herzog Friedrich. Gedacht war es eigentlich für ein Augustinerkloster in Bordesholm, das Friedrich als Grabstätte für sich und seine Gemahlin vorgesehen hatte. In Bordesholm war der Altar 1521 auch aufgestellt worden. Der Regent des →Herzogtums hingegen machte einen Karrieresprung und stieg 1523 als Friedrich I. zum König von Dänemark auf; er wurde nach seinem Tod 1533 im Schleswiger Dom bestattet. Das Bordesholmer Stift wurde 1566 aufgehoben, der Altar ein Jh. später schließlich in die Nähe des Stiftergrabes überführt.

Das Kunstwerk ist eines der umfangreichsten Retabel in Nordeuropa, es enthält fast 400 aus Eichenholz geschnitzte Figuren. Trotz der geradezu gigantischen Ausmaße des Altars – er ist über 12 m hoch und mehr als 7 m breit – beeindrucken die filigranen Rahmenschnitzereien ebenso wie die von ernster mittelalterlicher Frömmigkeit geprägten dramatischen Darstellungen der biblischen Geschichten.

Dargestellt sind in 18 bühnenartig gestalteten Feldern Szenen aus dem Alten und vor allem dem Neuen Testament, die von virtuos gearbeitetem Schnitzwerk eingerahmt sind. Den zentralen Bereich nehmen die Kreuztragung und die Kreuzigung ein. Die Seitenflügel zeigen in mittelalterlicher Tradition die Passion Christi: Gefangennahme, Kaiphas-Verhör, Geißelung, Handwaschung des Pilatus. Auf dem rechten Seitenflügel folgen Kreuzabnahme, Beweinung, Grablegung, Höllenfahrt, Auferstehung und die Begegnung mit dem ungläubigen Thomas – Vollendung des göttlichen Heilsplans.

Bemerkenswert ist, dass der Schnitzkunst-Meister Hans Brüggemann auf jede Art von Farbe verzichtet hat: die Bilder und Figuren erzielen ihre Wirkung allein durch das Spiel von Licht und Schatten.

Dänen in Schleswig

Dass Schleswig über Jahrhunderte mit Dänemark verbunden war, fällt dem flüchtigen Besucher zunächst kaum auf. Es gibt ungewöhnliche Namen, gewiss: Holm, Gottorf, Haddeby. Aber Bismarck-, Moltke-, Luther-, Chemnitz- oder Bellmannstraße sprechen eine ganz andere Sprache. Dennoch hat der Südschleswigsche Wählerverein (SSW), seit 1948 die Partei der Dänen, derzeit einen Stimmenanteil von über 15 % und damit fünf Mandate in der Stadtvertretung. Sichtbares Zeichen der Stabilität der Minderheit: Auf dem ehemaligen Kasernengelände auf der „Freiheit" östlich des →*Holm* entsteht eine neue dänische Gesamtschule mit einer gymnasialen Oberstufe, ein Sponsoring des dänischen Reeders und Mäzens Mærsk McKinney Møller. Läuft alles wie geplant, wird der Schulbetrieb für 625 Mädchen und Jungen im August 2008 eingeläutet.

Wer will, kann in (fast) jeder Lebenslage in seiner dänischen Umgebung bleiben: Es gibt drei Kindergärten und zwei Schulen, dänische Jugend- und Sportvereine, Pfadfinder, den Kulturverein Sydslesvigsk Forening (SSF), eine Bibliothek am →*Lollfuß*, eine Lokalredaktion der Zeitung Flensborg Avis, zwei Altenklubs und eine Altenwohnanlage, schließlich den dänischen Gesundheitsdienst Dansk Sundhedspleje mit Mütterberatung, Krankenschwester und schul(zahn)ärztlichem Dienst. Nicht zu vergessen sind zwei Kirchenge-meinden und der Slesvig Folkekor mit 40 Sängern. Lediglich der Gesund-heitsdienst ist heute nicht als Konkur-renz, sondern nur als Ergänzung zum deutschen System gedacht. Nach 1945 gab es auch dänische Krankenhäuser, die wurden aber in den 1950er-Jahren „abgewickelt", als die allgemeine wirtschaftliche Lage sich besserte.

Die Nationalitätenfrage sieht man heute relativ entspannt. Das war nicht immer so. Viele Jahrzehnte standen im Zeichen harter „Grenzland"-Kon-frontation, ein Bekenntnis zu däni-scher Sprache, Kultur und Nation war nicht gern gesehen. So hatten Vertre-ter der Minderheit nach 1918 zwar Mandate im Kreistag und im Flens-burger Stadtrat, nicht aber im Schles-wiger Kommunalparlament – dies vielleicht noch eine Folge davon, dass im 19. Jh. die damalige Landeshaupt-stadt ein Zentrum der deutsch gesinn-ten Schleswig-Holsteiner war. Erst seit 1930 gab es in Schleswig eine däni-sche Schule, die gerade mal 16 Schüler besuchten. Erstaunlicherweise über-stand diese Schule die gesamte Nazi-Zeit bis 1945, sie hatte zuletzt ca. 80 Schüler.

Gegenseitige Anerkennung und Tole-rierung von Minderheiten und ihren Rechten gibt es nördlich und südlich der Grenze seit den 1950er-Jahren; der Beitritt Dänemarks zur EU dürfte die Beziehungen weiter normalisiert haben. Dennoch war bis in die 1970er-Jahre das deutsch-dänische Verhältnis ein distanziertes Nebeneinander. Erst 1970 kam mit Gustav Heinemann ein Bundespräsident zu einem Staatsbe-such nach Dänemark, Königin Mar-grethe stattete Deutschland erstmals 1978 einen offiziellen Besuch ab.

Heute schicken auch viele Deutsche ihre Kinder in dänische Kindergärten und Schulen, weil sie diese Einrichtun-gen als Alternativen zur „normalen" Regelschule ansehen. Eine Entwick-lung, die nun wieder von beiden Sei-ten mit Stirnrunzeln betrachtet wird: Konservativen Deutschen bereitet die Ausweitung von dänischer Sprache und Kultur Bauchschmerzen, Dänen wiederum schauen etwas ärgerlich darauf, dass viele Eltern sich unver-züglich aus dem dänischen Kulturver-ein SSF verabschieden, sobald die Kin-der aus der Schule sind.

Es gab hierzulande schon mal größere Probleme.

Danewerk

Im Osten reicht die →*Schlei* weit ins Land hinein, im Westen lagen früher die oft überfluteten, sumpfigen Marschlande von Treene und Eider: die so entstandene Landenge von nur 15 km Breite war strategisch höchst günstig, um den Zugang zur jütischen Halbinsel zu kontrollieren. Über Jahrhunderte errichteten und verstärkten dänische Herrscher Wallanlagen an der Südgrenze ihres Einflussberei-

Das erste Bauwerk aus Ziegelsteinen nördlich der Elbe: die Waldemarsmauer (ganz in der Nähe der A7)

ches. Die Wälle waren 30 km lang, und auch heute noch sind weite Teile deutlich als Befestigungsanlagen zu erkennen: Das Danewerk ist das größte archäologische Denkmal in Nordeuropa.

808 wird die Befestigung in fränkischen Quellen erstmalig erwähnt, lange Zeit setzte man für diese Zeit auch den Baubeginn an. Die Analyse von Jahresringen verarbeiteter Baumstämme ergab jedoch, dass schon um 730 frühe Wikinger hier einen Grenzwall anlegten; möglicherweise sind die ersten Arbeiten noch viel früher anzusetzen. In der späten Wikingerzeit um 950 wurde die Siedlung →*Haithabu* (→*Wikinger-Museum*) mit einem Ringwall gesichert und durch einen Verbindungswall an das ältere Befestigungswerk angeschlossen.

200 Jahre später schließlich ließ der dänische König Waldemar I. (1157–1182) die

berühmte Waldemarsmauer errichten: eine ursprünglich fast 4 km lange und 6 m hohe Mauer aus Ziegelsteinen, auf der ein hölzerner Wehrgang verlief. Dies war das erste Bauwerk aus Ziegelsteinen nördlich der Elbe. Die 40000 m³ Mauerwerk hätten für 30 gotische Kathedralen von der Größe des Ratzeburger Domes ausgereicht. Eine gewaltige technische, wirtschaftliche und logistische Herausforderung, stellt man in Rechnung, welch eine Riesenarmee von Arbeitern täglich allein mit Grütze zu versorgen war.

Immer ging es darum, die dänische Grenze gegen Attacken aus dem Süden abzusichern, gegen Sachsen, Franken oder slawische Abodriten. Bei einem erfolgreichen Angriff wäre Jütland verloren gegangen, damit auch die Kontrolle über die Ostsee-Eingänge – es ging also um „Kopf und Kragen". Das erklärt die gewaltigen Anstrengungen.

Die Reste der Waldemarsmauer sind heute bis auf einen 50 m langen Abschnitt unter dem Hauptwall verborgen. In diesem Bereich werden derzeit die losen Steinverbindungen neu verfugt, um die Ruine dauerhaft zu sichern. Drainagen sollen eindringendes Wasser ableiten, um Frostaufbrüche im Winter zu verhindern.

Ganz in der Nähe der freigelegten Ziegelmauer befindet sich das Danewerk-Museum, nicht weit entfernt in östlicher Richtung liegt die „Thyraburg", eine bisher nicht datierbare Befestigungsanlage. Westlich der Waldemarsmauer liegt eine vor Kurzem restaurierte Schanze aus dem Deutsch-Dänischen Krieg von 1864; damals erlangte die Landenge erneut für kurze Zeit militärische Bedeutung. Die Reste der wikingerzeitlichen Wallanlagen sind auch heute noch deutlich zu erkennen und zu begehen: der Hauptwall zwischen Thyraburg und Hollingstedt, der Halbkreis um Haithabu und ebenso der Verbindungswall. Ausgeschilderte Fahrrad-Routen führen teils in unmittelbarer Nähe entlang, teils etwas weiter entfernt. Einen Eindruck davon, welche Dimensionen Hauptwall und vorgelagerter Graben haben, erhält man am besten bei Kurburg, das auch mit dem Auto sehr gut zu erreichen ist. Von hier aus lässt sich der Wall in beide Richtungen erwandern. Unbedingt ansehen!

Denkmäler und Friedhöfe

„Auch der Feinde gedenket, die unglücklich aber tapfer im Dienste ihres Königs gekämpft und geblutet haben." Immerhin. Darunter die Namen von 35 gefallenen dänischen Soldaten. Das Ganze ist zu finden in einer neugotischen Gedächtniskapelle für die 1864 gefallenen österreichischen Soldaten auf dem Alten Militärfriedhof an der Flensburger Straße. Wie überall gibt es auch in Schleswig Denkmäler für die gefallenen Soldaten des Ersten und des Zweiten Weltkrieges sowie des Krieges gegen Frankreich 1871, wie in anderen schleswig-holsteinischen Städten gibt es Eichen und Gedenksteine, die an die Ereignisse von 1848 erinnern. Darüber hinaus jedoch gibt es in Stadt und Umgebung eine große Zahl von Denkmälern und Friedhöfen, die mit den deutsch-dänischen Auseinandersetzungen 1848/50 und 1864 verbunden sind. Einerseits war die Gegend mehrfach Schauplatz von Kampfhandlungen; andererseits war Schleswig Landeshauptstadt, was zu feierlicher Repräsentation herausforderte.

Einträchtig nebeneinander: dänisches und …

Was dabei auffällt: Gefallene beider Seiten liegen häufig auf einem Friedhof. So bei der Dreifaltigkeitskirche im Stadtteil →*Friedrichsberg*: „tapfere deutsche Krieger", „Vorkämpfer für die Befreiung Schleswig-Hol-

... deutsches Denkmal bei Neukrug

die gefallenen dänischen Soldaten neben der Kapelle zu Ehren der österreichischen Toten.

Am Rande der Stadt stehen am Busdorfer Teich ein dänisches und ein deutsches Denkmal dicht nebeneinander – in diesem Falle allerdings eindeutige Siegermonumente. Erst „setzte das dänische Volk" einen 6 m hohen Obelisken aus rotem Granit zu Ehren seiner Gefallenen von 1848; nach 1864 hielt die deutsche Seite mit einem Kanonendenkmal dagegen. Eine Gedenktafel erinnert an über hundert unbekannte schleswig-holsteinische Soldaten.

Außerhalb der Stadtgrenzen erinnert die Idstedt-Halle an die Schlacht vom Juli 1850. In unmittelbarer Nähe Schleswigs, bei Neukrug, stehen ein deutsches und ein dänisches Denkmal einträchtig nebeneinander; inzwischen pflegen auch die Traditionsvereine ihre Rituale gemeinsam. Ein über 2 m hoher kastenförmiger Stein mit einem KuK-Doppeladler steht auf dem Königshügel bei Selk (1,5 km südlich von Haithabu) und ist der Erstürmung dieser Anhöhe durch österreichische Truppen im Februar 1864 gewidmet.

steins" wurden hier ebenso unmittelbar neben der Kirche bestattet wie preußische und dänische Offiziere. Auch auf dem Militärfriedhof an der Flensburger Straße finden sich dänische Gräber und ein Gedenkstein für

Dom

Das älteste Detail aus der frühen (romanischen) Bauperiode erwartet den Besucher gleich zu Beginn: das Petri-Portal auf der Südseite des Bauwerks; es wird auf etwa 1180 datiert. Ein Relief zeigt einen zwischen Jüngern thronenden Christus. Das ursprüngli-che Gebäude war eine romanische Basilika, bis 1270 wurde daraus eine gotische Hallenkirche. Um 1300 hatte der Innenraum im Wesentlichen seine heutige Gestalt angenommen, wenn auch viele Arbeiten sich noch bis ins 16. Jh. hinzogen. Die reinsten Formen der Romanik finden sich in der „Vierung", in der Quer- und Längsschiff aufeinandertreffen. Die Seitenschiffe sind gotisch, im Mittelschiff sind Übergänge zwischen den Epochen festzustellen. Ein bemerkenswerter Anbau ist der „Schwahl" genannte dreiflügelige Prozessionsgang des Domkapitels an der Nordseite. Am markantesten ist natürlich der jüngste Bauabschnitt des Doms: der 1888–94 errichtete, 112 m hohe und die Stadtsilhouette weithin dominierende Turm.

Erstmalige schriftliche Erwähnung fand der Dom im Jahre 1134 im Zusammenhang mit dem →Mord an König Niels: Dieser soll hier vergeblich Zuflucht gesucht haben, somit muss der Chor geweiht gewesen sein, um einem Verfolgten Asyl bieten zu können. Einem schriftlich festgehaltenen Ratschlag an den König ist immerhin der erste verlässliche Hinweis auf den

Mittelalterlich: Dreikönigsgruppe aus dem 13. Jh.

Dom zu verdanken, wenn auch über den Baubeginn und die Größe der Kirche zur damaligen Zeit nichts mitgeteilt wird.

Das bemerkenswerteste Kunstwerk im Dom ist zweifellos der →*Brügge- mann-Altar.* Ebenfalls dem Bordesholmer Meis- ter zugeschrieben wird die 4,40 m hohe Holz- skulptur des Christopho- rus am Eingang des Süd- chores; sie entstand ca. 1510–15. Die ältesten Teile der Deckenbemalung im Hohen Chor stammen vom Ausgang des 13. Jh. Sie stellen Szenen aus dem Leben des Petrus dar, des Dom-Namenspa- trons.

Während und nach der Reformation ist einiges von der mittelalterlichen Ausstattung des Doms verloren ge- gangen, manches jedoch blieb erhal- ten, so die Dreikönigsgruppe vom Ende des 13. Jh. Die vollplastischen Gestalten Marias mit dem Kind und der Heiligen Drei Könige stehen unter einem gotischen Baldachin, der wie eine offene Kapelle gestaltet ist. Die leuchtenden, farbenfrohen Gewän- der wurden nach Spuren rekonstru- iert. Das bronzene Taufbecken vor dem Altar wurde 1480 gestiftet, es stammt aus der Werkstatt eines Bre- mer Meisters. Die Wandung des Kes- sels zieren Reliefs des Gekreuzigten, Marias und der Apostel. Stützende Bronzeputten wurden 1666 hinzuge- fügt.

Bedeutendstes Gemälde im Dom ist die sogenannte „Blaue Madonna" von Jürgen Ovens (1623–78): eine Darstellung der Heiligen Familie mit dem Johannesknaben. Der Künstler

aus Tönning war in den Niederlanden in die Lehre gegangen und hatte Erfolge erzielt; er schuf das Bild 1669 unter dem Einfluss der Kunst van Dycks. Herzog Friedrich III. machte Ovens zu seinem Hofmaler.

Nicht jederzeit, sondern nur bei Führungen zu besichtigen ist der Kreuzgang Schwahl (von dän. sval: kühl, kühler Gang). Der dreiflügelige Prozessionsgang des Domkapitels an der Nordseite des Doms entstand zu Beginn des 14. Jh. Wegen der Harmonie der Architektur und der Bemalung der Wandfelder mit Szenen aus dem Leben Christi und mit fantastischen Fabelwesen an Pfeilern und Gewölben gilt der Schwahl als ein Gesamtkunstwerk der Hochgotik, das im Ostseeraum einzigartig ist. Zur Zeit der Reformation fanden hier auch die ersten lutherischen Gottesdienste statt – der letzte katholische Bischof verwehrte vorerst den aufsässigen lutherischen Predigern den Zugang zum Dom. Bis ins 19. Jh. nutzten Schleswiger Bürger den Ort auch für höchst diesseitige Zwecke: Man traf sich hier, um private Rechtsgeschäfte abzuschließen, auch Märkte fanden hier statt. In dieser Tradition gibt es seit einigen Jahren in einer Adventswoche einen Kunsthandwerkermarkt im Schwahl. Die Einnahmen dienen dem Erhalt der Kunstschätze im Dom.

Auffallend ist im nördlichen Nebenchor das prachtvolle Grabmal Friedrichs I., von 1523–33 König von Dänemark, zuvor Herzog in Schleswig. Der üppige Renaissance-Stil könnte auch als Hohenzollern-Schwulst durchgehen: ein Sarkophag aus Alabaster und verschiedenfarbigem Marmor, dazu Putten und klassisch-schöne Damen, die als Karyatiden (Figurenpfeiler) das Grabmal umstehen, die Königstugenden Glaube, Liebe, Hoffnung, Stärke, Klugheit und Gerechtigkeit verkörpernd. Auch ein bisschen Schwindel ist dabei: Das Grabmal ist ein „Kenotaph" – es ist schlicht leer; denn es entstand erst zwei Jahrzehnte nach dem Tode des Monarchen. Die Gebeine des Königs sind in der Fürstengruft bestattet, ebenso wie die der Regenten des →*Herzogtums*. Hinter dem Königsgrabmal befindet sich ein vom Gottorfer Kanzler Kielmannseck gestifteter Altar, ein riesiges Epitaph aus schwarzem und weißem Marmor für diesen Gottorfer Hofbeamten ziert die Nordseite des Querschiffes – es ist,

Geschummelt: das leere Grabmal für König Friedrich I. von Dänemark († 1533)

in aller Bescheidenheit, höher als der Altaraufsatz des Meisters Brüggemann.

Der erst 1894 fertiggestellte Turm ist ein echtes Produkt seiner Zeit: wuchtig und kolossal. Er ist – wie auch das heutige →*Oberlandesgericht* – architektonischer Ausdruck der Inbesitznahme Schleswigs durch Preußen; das →*Stadtmuseum* zeigt Fotos aus der Bauphase. Eine Inschrift über dem Treppenaufgang stimmt den Besucher auf den Ton der Zeit ein: „Auf Befehl seiner Majestaet, des in Gott ruhen den Kaisers Wilhelm I vorbereitet, durch die Gnade des hochseligen Kaisers Friedrich III Majestaet gesichert, ist der Bau dieses Thurmes unter der Regierung Seiner Majestaet des Kaisers und Koenigs Wilhelm II nach dem Entwurfe Friedrich Adlers in den Jahren 1888 bis 1894 ausgefuehrt worden." Zur Einweihung kam Auguste Victoria jedoch allein, ohne Wilhelm II.

Fachklinik

1820 entstand auf dem Stadtfeld die erste Psychiatrische Klinik im deutschsprachigen Raum. Psychisch Kranke wurden damals vielfach wie Kriminelle behandelt und oft in Zuchthäuser eingesperrt – von Betreuung oder medizinischer Versorgung konnte keine Rede sein. Es war der Schleswiger Arzt Carl Ferdinand Suadicani, der psychisch Kranke erstmals als Patienten ansah; Licht und Luft und eine sinnvolle Arbeit sollten eine Heilung der Menschen unterstützen.

Nach mehreren Anläufen war 1817 ein königliches Patent ergangen, das die Schaffung einer modernen Einrichtung vorsah. Baumeister war der berühmte dänische Architekt Christian Friedrich Hansen, der in Altona am Elbufer und an der Palmaille eine Reihe großzügiger klassizistischer Land- und Stadthäuser entworfen hatte. 112 Patienten wurden schließlich in dem Gebäude untergebracht, zehn Jahre später waren es bereits 300 Kranke.

Die Anstalt wuchs auch weiterhin rasch, die Patienten der Einrichtung kamen von weit her. Zur Therapie

setzte man Garten- und Feldarbeit ein sowie handwerkliche Tätigkeiten. Im Laufe des 19. Jh. entstanden in der Nähe verschiedene private Krankenanstalten, die sich an diesem Konzept orientierten; eine eigenständige Einrichtung für geistig behinderte Kinder gab es seit 1852 auf dem Hesterberg. Aus der „Irrenanstalt bei Schleswig" wurde später die „Provinzialirrenanstalt". Diese wurde dann in Provin-

Klassizistisches Hauptgebäude der früheren „Provinzialirrenanstalt"

zial-, Heil- und Pflegeanstalt umetikettiert, daraus wurde das Landeskrankenhaus und schließlich die Fachklinik. Heute wird die Einrichtung unter dem Dach des privaten Schlei-Klinikums Schleswig betrieben, das nicht zuletzt dadurch der größte Arbeitgeber der Stadt ist.

Stand die Arbeit der Gründer im Zeichen des Humanismus, so darf ein dunkles Kapitel nicht unterschlagen werden: Die Nazi-Zeit wurde auch hier zur Katastrophe. Über 1000 Patienten der Einrichtung wurden verschleppt und ermordet. Allein am 14. Oktober 1944 wurden 700 Frauen und Männer aus der Heilanstalt am Stadtfeld in die Tötungsanstalt Meseritz-Obrawalde in Pommern abtransportiert.

Feste

Anfang August fallen die Nordmannen alljährlich in Schleswig ein: die „Wikingertage" sind angesagt. Kerle in Kettenhemden, mannstolle Weiber, Bogenbauer, Waffenschmiede, Weber, Töpfer oder andere Handwerker – Hunderte von „aktiven" Wikingern ziehen drei Tage lang Zehntausende von Besuchern in ihren Bann. Abends gibt es, zum Beispiel, Livemusik mit „Whisky"-Stimmen.

Unterhaltung mit historischem Anspruch haben die Organisatoren sich auf die Fahnen geschrieben: Mitmach-Aktionen, ein Wikinger-Dorf für Kinder, Schaukämpfe und Feuershows. Nicht zuletzt sorgen Wikinger-Segel auf der →*Schlei* dafür, dass sich diese Veranstaltung von anderen Mittelalter-Märkten landauf, landab etwas unterscheidet.

Die klassischen Volksbelustigungen sind inzwischen etwas ins Hintertreffen geraten: der Peermarkt im September zum Beispiel, bis vor wenigen Jahrzehnten noch eine große Sache für Besucher aus Stadt und Umgebung.

Wie der Name sagt, war dieser Jahrmarkt ursprünglich ein Pferde- und Viehmarkt; er wurde früher auf dem Gallberg abgehalten und erst zu Beginn des 19. Jh. auf das Stadtfeld verlegt. Auch Kram

Freizeit-Wikinger nachdenklich bei friedlicher Fummel-Arbeit

Wir könn(t)en auch anders: kriegerisches Outdoor-Outfit für Freizeit-Helden

und Krempel aller Art war hier zu erwerben, ebenso gab es Orgeldreher und Straßenmusikanten, Affen- und Hundedresseure, Zauberer, Athleten und Equilibristen, die schließlich die Oberhand gewannen; später kamen natürlich Schießbuden und Karussells hinzu.

Der wichtigste Jahrmarkt der Stadt war über Jahrhunderte im Februar der Schleswiger Dommarkt, kurz der →*Dom* genannt. Mittelpunkt des Treibens war der Schwahl, der Schutz vor Wind und Wetter bot.

Sehr traditionsbewusst feiern alljährlich →*Beliebungen* und Schützen ihre Feste; →*Musik*freunde kommen beim Festival „Swinging City" im →*Stadtweg*, beim Schleswiger Jazzherbst oder bei Veranstaltungen des Schleswig-Holstein Musik Festival auf ihre Kosten.

Fischerei

Wirtschaftliche Grundlage für die Siedlung auf dem →*Holm* war die Fischerei. Die Holmer Berufsfischer mussten dabei ihre Interessen gegenüber der Konkurrenz behaupten, adligen Gutsbesitzern („Schleijunkern") und Berufskollegen aus anderen an der →*Schlei* gelegenen Orten. Und „Hobbyfischer" gab es auch früher schon. König Christian I. erließ als Landesherr 1480 ein Patent, den „Schleibrief": Fischfang auf der Schlei stand danach allein den Schleswiger Fischern zu – aber nicht nur Holmern; und den Rechtsanspruch durchzusetzen war ohnehin eine ganz andere Sache. Auch mehrere Verordnungen

„Wi fischen dor, …

zwischen 1668 und 1703, von den Regenten des →*Herzogtums* erlassen, lösten nicht das Problem.

1765 schlossen sich die Holmer zu einer Genossenschaft zusammen, aus der später die Fischerzunft hervorging, eine Interessengemeinschaft, die noch heute besteht. Gefischt wurde seit dem Mittelalter gemeinschaftlich mit „Waden", so nannte man große Netze, die acht Fischer von zwei Booten ausbrachten. Den Verkauf regelte man ebenso gemeinschaftlich und teilte dann den Erlös. Im Winter fischte man gemeinsam auf dem Eis.

Was nach Romantik, Freiheit und Abenteuer aussieht, bedeutete tatsächlich harte Arbeit unter schweren Bedingungen; der Erlös war auch früher schon ziemlich gering. So waren von den 120 Fischern des Jahres 1922 zehn Jahre später noch 85 geblieben, von denen mehr als zwei Drittel arbeitslos gemeldet waren oder Sozialhilfe bezogen. Kaum mehr als 20 Fischer waren es noch Mitte der 1960er-Jahre, die Hechte und Karpfen, Barsche und Brassen fingen. Seit 1971 ist die Wadenfischerei Geschichte.

Heute hat die Zunft noch 12 aktive Mitglieder, die Hälfte davon ist jedoch

… wo de Fisch sik ophölt!"

nicht nur in der Schlei aus, sondern auch in der Ostsee: „Wi fischen dor, wo de Fisch sik ophölt!" Im Frühjahr Hering in der Schlei, im Sommer und Herbst Butt, Aal, Hecht und Barsch, im Winter Dorsch in der Ostsee. Einige Holmer haben Kutter in Maasholm; von dem, was die Schlei hergibt, könnten sie nicht überleben. Die Ostsee trägt den größeren Teil zum Unterhalt bei.

Ärger bereiten den Fischern die Freizeitkapitäne, die manchmal Netze beschädigen; selbst wenn der Schaden ersetzt wird, bleibt der Verlust durch den Fangausfall beträchtlich. Rücksichtslose Wasserskiläufer sind im Sommer ebenso unerfreulich wie im Winter die Konkurrenz der Kormorane.

bereits im Rentenalter. Die Fischer vermarkten ihren Fang zwar in einer Erzeugergemeinschaft, aber nicht gemeinsam: einige sind Mitglieder in einer Büsumer, andere in einer Kieler Genossenschaft. Ihre Netze werfen sie Segel setzten die Holmer Fischer auf ihren Kähnen übrigens bis in die 1930er-Jahre, manche ruderten noch bis in die 1950er-Jahre. Restaurierte historische Kähne sind bei der →*Zwieback-Regatta* zu sehen.

Friedrichsberg

Versorgung von Schloss und Hofstaat – um diese Aufgabe zu gewährleisten, entstand der Stadtteil Friedrichsberg. In Sichtweite der Residenz waren seit dem 17. Jh. die Wirtschaftseinrichtungen angesiedelt. Neben einer früheren Poststation („Zum weißen Schwan") liegt die alte Gottorfer Wassermühle, in der Getreide gemahlen wurde. Die heutigen Straßenbezeichnungen „Alter Garten" und „Herrenstall" lassen erkennen, wo früher Küchen- und Ziergärten sowie Reitställe lagen. Keine Spuren hat der frühere Fischerhof hinterlassen, ebenso wenig der Mühlenteich – der wurde zugeschüttet.

Bei den profanen Versorgungseinrichtungen blieb es nicht: Führende adlige Beamte des Gottorfer Hofes ließen sich hier nieder, in repräsentativen Anwesen, versteht sich. Unter den erhaltenen Palästen ragen der Günderoth'sche Hof und das Prinzenpalais heraus, in denen sich heute →Stadtmuseum und →Landesarchiv befinden. Später siedelten sich dann Bürger mit ihrem Gewerbe an: Kleinhändler, Bierbrauer, Handwerker; altgediente Soldaten bauten einfache Häuser. 1650 wurde die Dreifaltigkeitskirche errichtet, eine Stiftung. Baumeister war der Gottorfer Hofgelehrte Adam Olearius.

„Drauß bei Schleswig vor der Pforte wohnen arme Leute viel ..." Der romantische Dichter Clemens Brentano schildert in seiner Ballade „Die Gottesmauer" eine Überlieferung aus dem „Kosakenwinter" 1813/14: eine Schneewehe soll eine alte Witwe und ihre Familie wundersam vor plündernden Soldaten bewahrt haben. Mit „drauß bei Schleswig" ist hier der südliche Teil des Stadtteils Friedrichsberg gemeint.

„Arme Leute" gab es hier tatsächlich viele, es gab jedoch auch wohlhabende Bürger mit Gemeinsinn. Sie gründeten 1816 die „Friedrichsberger Spar- und Leihkasse", die älteste Einrichtung dieser Art im →Herzogtum. Die sollte auch für „Dienstboten, Mägde, Knechte und Gehilfen" offenstehen und gleichzeitig gewerbetreibenden Bürgern zu geringen Kosten mit Krediten helfen. 1868 errichtete die Sparkasse ein „Bürgerstift" für Alte und Mittellose.

In der Friedrichstraße haben noch

Im „Schloss" Annettenhöhe befindet sich heute das Archäologische Landesamt.

manche Häuser ihre Fassaden aus dem 18. und 19. Jh. in die heutige Zeit gerettet; einige wurden inzwischen sehr schön restauriert. Markante Gebäude im Stadtteil sind außerdem die Provinzialregierung aus preußischer Zeit, heute →*Oberlandesgericht,* und – etwas außerhalb gelegen – das „Schloss" Annettenhöhe, Alterssitz des Grafen Brockdorff-Rantzau, zu Beginn der Weimarer Republik führender deutscher Diplomat und Botschafter in Moskau. Eindrucksvolle →*Backsteinbauten* der 1920er-Jahre sind die Bugenhagenschule und das Bahnhofsgebäude mit einer relativ großzügigen Halle – immerhin war Schleswig damals Sitz der Provinzregierung. Nicht zu übersehen ist der →*Wiking-Turm.*

Gärten

Gärten sind der intensivste Ausdruck von Sesshaftigkeit. Sagen die Ethnologen. Eine besonders schöne Form dieser grün und bunt gewordenen Sesshaftigkeit lässt sich vor den Toren der Stadt bewundern, auf dem ehemaligen Bauernhof der Familie Eichner (ganz in der Nähe von →*Danewerk*-Museum und Waldemarsmauer). Von Buchsbaum begrenzte Stauden-Beete, Rosenbögen, Pergolen, ein Teich, ein Obstgarten, dazu schattige Nischen: hier kann der Besucher Farben und Duft von Stauden, Rosen und Kräutern genießen und sich zu den unterschiedlichsten Gartenthemen inspirieren lassen.

Wasserspendender Findling im Zentrum des Bibelgartens

Die Pflanzenwelt des Alten und des Neuen Testaments ist Thema des Bibelgartens neben dem →*Johanniskloster* auf dem →*Holm*. Wein und Granatapfel finden sich hier, eine Passionsblume, ein Feigenbaum natür-

lich. Hinzu kommen Heilkräuter aus den Klostergärten, die eine lange Geschichte als „Apotheke des Mittelalters" hatten: „Der Salbei tröstet, und die Rose erfreut", wusste bereits Hildegard von Bingen. Schließlich sind noch Pflanzen aus christlicher Tradition und Legende zu entdecken. Wer also Wermut und Jakobsleiter, Johanniskraut, Aronstab, Salomonssiegel, Akanthus oder den Judasbaum kennenlernen möchte, wird wohl ebenso zufrieden nach Hause gehen wie der Besucher, der inmitten von Lavendelduft nur seinen Gedanken nachhängen möchte.

Im Wegekreuz des Gartens steht ein wasserspendender Findling. Was hatte das noch mit der Bibel zu tun? Genau: Moses schlug einst in der Wüste auf Geheiß Gottes mit seinem Stab Wasser für das durstende Volk aus dem Felsen. – Neben den bunten Blumen gibt es im hinteren Teil einen Skulpturen-

Der Salbei tröstet und die Rose erfreut: üppiger Bauerngarten

garten mit Werken von sieben Bildhauern.

Historische Rosen und selten gewordene Pflanzen aus Schleswig-Holsteins Bauerngärten haben in einer Anlage des →*Volkskunde-Museums* am Hesterberg eine Heimat gefunden. Ein prächtiger Blumengarten, dazu von Buchsbaum eingefasste Beete für Kräuter, Gemüse, Beeren-

obst, ein Gartenpavillon von 1910, eine Fliederlaube, ein Rosenbogen, alles eingehegt von stilgerechten Metallzäunen: der Charme der (manchmal guten) alten Zeit.

Gartenliebhaber sollten sich auch den Park in →*Louisenlund* und vor allem den →*Barockgarten* Neuwerk hinter →*Schloss Gottorf* nicht entgehen lassen.

Geestrücken

Das Wort „Geest" bedeutet so viel wie „unfruchtbar". Bezeichnet wird damit jener Mittelrücken des Landes, der sich deutlich vom östlichen Hügelland auf der einen Seite sowie von den erst vor rd. 1000 Jahren eingedeichten Marschgebieten im Westen unterscheidet. Auch die „niedere Geest" westlich von Schleswig ist wie →*Schwansen und Angeln* im Osten durch Vorgänge am Ende der jüngsten Eiszeit entstanden: Als das Gletschereis abtaute, entstanden flache Sandflächen durch Ablagerungen aus Schmelzwasserströmen.

Bis ins 19., teilweise bis ins 20. Jh. hinein waren weite Flächen der Schleswigschen Geest mit Heide bedeckt. Nicht einig sind sich die Gelehrten, ob dies allein eine Folge von Klima und Böden ist oder aber auf lang andauernde menschliche Einwirkung zurückgeführt werden muss. Versuche, die Heideflächen zu kultivieren, gab es seit den 1760er-Jahren, als man unter König Friedrich V. Kolonisten aus dem Südwesten Deutschlands anwarb. Die ersten Initiativen waren wenig erfolgreich, Kultivierung von Ödland gab es jedoch bis in die 1920er-Jahre, als man feststellte, dass Teile der Geest dünner besiedelt waren als der deutsche Osten.

Unfruchtbar ist das Gebiet heute zwar nicht mehr, jedoch deutlich weniger ertragreich als die benachbarten Landschaften im Osten und im Westen. Lange Zeit dominierte hier deshalb Vieh- und Milchwirtschaft. Wie auch immer – ob man der Landschaft wie Theodor Storm einen romantischen Zauber zuschrieb („Kein Klang der aufgeregten Zeit drang noch in diese Einsamkeit") oder aber sie als ärmlich, karg, eintönig, langweilig empfand: die Zeit der Heide ist lange vorbei. In der Epoche der Biogasanlagen nimmt der Maisanbau einen immer breiteren Raum ein.

Wenn auch der Geestrücken in früheren Jahrhunderten wenig zur Siedlungstätigkeit einlud, so kam ihm doch aus anderem Grund Bedeutung zu: nur diese Landschaftszone bot sich für den Nord-Süd-Verkehr an. Das östliche Hügelland mit seinen Moränenzügen und weit ins Land hineinreichenden Förden kam dafür ebenso wenig in Frage wie die Marsch im Westen. So verläuft denn der uralte

Der Ochsenweg, ein uralter Handels- und Heerweg, ist teilweise noch gut zu erkennen.

Handels- und Heerweg von Jütland bis zur Elbe westlich an Schleswig vorbei. Die Bezeichnung „Ochsenweg" erhielt er deshalb, weil seit dem 15. Jh. schlachtreife Rinder als sich selbst transportierendes Exportgut von Jütland bis an die Elbe getrieben und von dort nach Westdeutschland und in die Niederlande verkauft wurden. Die Landesherren erhoben Zoll, 80 Prozent der Gottorfer Zolleinnahmen steuerten die Ochsen bei. Alte Bücher weisen 12814 Tiere für das Jahr 1484 aus, für 1498 schon 18726 Stück und für 1519 bereits 29231. Damals karikierte ein Satiriker einige Länder und ihre „Exportwaren" – politisch höchst inkorrekt – so: aus Ungarn kämen Läuse, aus Sachsen Trinker und aus Dänemark Ochsen.

Gottorfer Globus

Unumstrittenes Glanzstück des Gottorfer Gesamtkunstwerks →*Barockgarten* war der Riesenglobus, ein Meisterwerk damaliger Handwerkskunst und Naturwissenschaft, das den Fürsten des →*Herzogtums* hohes Ansehen unter Europas Wissenschaftlern verschaffte. Der Hofgelehrte Adam Olearius hatte nach 1650 die Technik ausgetüftelt, im Auftrage Friedrichs III.

Mehr als drei Meter betrug der Durchmesser dieses technischen Wunderwerks, welches in seinem Inneren auf einer umlaufenden hölzernen Sitzbank Platz für zwölf Personen bot. Die Innenseite der Kugel zeigte vollständig den damals bekannten Sternenhimmel; sie war aufwendig mit figürlichen Darstellungen von Sternbildern der nördlichen Halbkugel geschmückt. Die Außenseite des Globus gab die damals bekannte Welt kartografisch exakt wieder.

Ein Wassermühlenantrieb im Keller bewegte das herzogliche Spielzeug und führte so in 24 Stunden den Lauf der Gestirne vor; Schneckengetriebe und Übersetzungen waren dem zeitgenössischen Uhrenbau abgeschaut. Per Handkurbel ließ sich der Lauf der Welt beschleunigen, sodass neben Wissenschaft und Bildung auch das Karussellfahren nicht zu kurz kam. Untergebracht war die vielfach bestaunte Technik in einem eigens hierfür errichteten Gebäude, der „Friedrichsburg".

Nach der schwedischen Niederlage im Nordischen Krieg beanspruchte der russische Zar Peter I. den Globus von seinem dänischen Verbündeten als „Geschenk" – auch dies zeigt die damalige Berühmtheit der Riesenkugel. Der Zar ließ den Globus in die neue Hauptstadt St. Petersburg schaffen, wo er nach wechselvoller Geschichte und etlichen Restaurierungen heute noch bzw. wieder steht; authentisch allerdings ist wohl nur noch das konstruktive Gerippe. Für Schleswig wurde der Verlust des Globus zum Symbol für das Ende der Gottorfer Glanzzeit, weit mehr noch als der Verlust der Schatzkammer, der Bibliothek und der übrigen wissenschaftlichen Geräte.

Heute bietet →*Schloss Gottorf* neben dem wiederhergestellten Terrassengarten auch etwas für Freunde der

Eine Attraktion für Freunde der Wissenschaftsgeschichte: ein auf der Basis gesicherten Wissens rekonstruierter Globus zeigt Erdoberfläche und Sternenhimmel, wie sie im 17. Jh. bekannt waren.

Wissenschaftsgeschichte: Seit 2005 steht an historischer Stelle ein modernes Globushaus mit einer neuen Erd- und Himmelskugel, die auf der Basis gesicherten Wissens über den Gottorfer Globus rekonstruiert wurde. Historisch getreue Abbildungen der im 17. Jh. bekannten Erdoberfläche (vom Kontinent Australien wusste man damals noch nichts) und des Himmels schmücken die Außen- und die Innenseite. Auch hineinsteigen kann man in den Globus – wie schon vor 350 Jahren.

Haithabu

„Eine sehr große Stadt am äußersten Ende des Weltmeeres" – so charakterisiert der arabische Kaufmann At Tartuschi um 965 den Ort, der in dänischen Quellen Haithabu genannt wird, in sächsischen Sliaswich. Erstmalig taucht der Ort 804 in fränkischen Annalen auf. Gehandelt aber wurde hier wohl schon früher, der Ort bot beste Voraussetzungen. In Nord-Süd-Richtung verlief über den →Geestrücken der gesamten jütischen Halbinsel ein uralter Landweg, und gleichzeitig kommen sich Nord- und Ostsee, vom Standpunkt frühmittelalterlicher Verkehrsplaner betrachtet, bis auf lächerliche 15 km entgegen: von Osten zieht sich die →Schlei 40 km ins Binnenland, von Westen her konnten die damaligen Handelsschiffe mit der Flutwelle über Eider und Treene bis nach Hollingstedt gelangen. Die gefährliche und zeitraubende Fahrt um Jütland herum konnte man sich somit ersparen.

Keine Frage: Hier musste einfach ein beachtlicher Handelsplatz entstehen, und er entstand am Haddebyer Noor, einem Ausläufer der Schlei. Anfangs

war das Gebiet offenbar nicht gesichert, seit etwa 950 jedoch schützte ein 1500 m langer Halbkreiswall das 24 ha große Siedlungsgelände; der Wall ist auch heute noch vorhanden.

Kaufmann oder Krieger? Das hätten Haithabus Bewohner damals auch gern gewusst.

Im 9. und 10. Jh. lag hier *der* zentrale Fernhandelsplatz Nordeuropas mit Verbindungen bis nach Russland, Norwegen und England. Welche hand- werklichen Tätigkeiten am Ort ausge- übt wurden, zeigt das →*Wikinger-Museum* in unmittelbarer Nähe. Während ihrer Blütezeit hatte die Sied-

Haithabu buten und binnen: Museumshäuser bieten…

lung vermutlich über 1000 Einwohner – eine höchst internationale Gesellschaft: Friesen, Dänen, Schweden, Norweger, Sachsen, Franken und Slawen betrieben hier ihre Geschäfte.

Politisch gehörte Haithabu fast während der gesamten Dauer seines Bestehens zum Königreich Dänemark. Lediglich um 950 übte das Deutsche Reich eine gewisse Oberhoheit aus, in dieser Zeit wurde die Stadt zum Bischofssitz erhoben. Zeitweilig war Haithabu dänischer Königssitz und als Sammelplatz von Heer und Flotte ein wichtiger Militärstützpunkt – in unmittelbarer Nähe befand sich die durch das →*Danewerk* stark befestigte dänische Reichsgrenze.

Als wichtiger Handelsplatz im Grenzgebiet zwischen Dänen, Sachsen und Slawen war Haithabu hart umkämpft. Zeitweilig herrschten hier schwedische Wikinger, 1050 wurde es von einem norwegischen König erobert. Den Schlusspunkt setzte schließlich 1066 ein slawisches Heer, das den Ort so vollkommen zerstörte, dass er nicht wieder aufgebaut wurde. Experten vermuten, dass zu diesem Zeitpunkt bereits die Siedlung am Nordrand der Schlei die Nachfolge Haithabus angetreten hatte (→*Altstadt*): ein Umzug in Etappen, der um 1070 gänzlich vollzogen war. Das Gelände auf dem Schlei-Nordufer – damals eine Halbinsel – war vermutlich besser zu schützen. Die genaueren Motive und Umstände für die Neugründung gehören jedoch zu den „großen Forschungsfragen" rund um Haithabu. Da das Gebiet, auf dem die Wikinger-Siedlung stand, in den inzwischen fast 1000 Jahren seit der Zerstörung niemals wieder bebaut wurde, finden Archäologen hier ideale Bedingungen vor (→*Archäologisches Landesmuseum*).

… anschauliche Einblicke in den Alltag der Wikingerzeit.

Herzogtum

Fürsten mit Herzogstitel gab es in Schleswig-Gottorf auch früher, sie bauten Burg und Schloss aus und spielten eine wichtige Rolle in Dänemark, einer erlangte als Friedrich I. sogar die Königswürde. Als „entscheidende Zäsur", als „Geburtsjahr" des Herzogtums Schleswig-Holstein-Gottorf gilt jedoch das Jahr 1544, in dem der dänische König Christian III. mit seinen Brüdern die Herrschaft in den Landesteilen Schleswig und Holstein aufteilte. Der jüngste Bruder Adolf wählte den sog. Gottorfer Anteil, benannt nach der Residenz →*Schloss Gottorf*. Herzog Adolf und seine Nachfolger schufen einen gefestigten Staat mit „moderner" Verwaltung und frühneuzeitlichen Herrschaftsstrukturen, sie bauten Gottorf zu einer repräsentativen Residenz aus und förderten Kunst und Wissenschaft, sodass ihr Hof als kulturelles Zentrum ersten Ranges in Nordeuropa hohes Ansehen erlangte. 1658 schließlich erreichten sie sogar die Souveränität, die Aufhebung der Lehnsabhängigkeit von der dänischen Krone. Schon 50 Jahre später jedoch war alles vorbei: die Gottorfer hatten im Nordischen Krieg auf die falsche (die schwedische) Karte gesetzt und verloren fast alles. Der dänische König kassierte sein „Lehen" ein, zum Verwalter in Schleswig bestimmte er einen Statthalter.

Von vorne. Herzog Adolf (1526–86) führte als skrupelloser Renaissance-Fürst Krieg gegen die freie Bauernrepublik Dithmarschen; durch den Sieg 1559 vergrößerte sich sein Territorium beträchtlich. Später konzentrierte er sich auf den Innenausbau seiner Herrschaft, in seiner „modernen" Kanzlei stützte er sich auf Fachräte bürgerlicher Herkunft. Sein Sohn Johann Adolf (1575–1616), der ab 1590 regierte, stärkte die fürstliche Macht im Staate gegenüber dem einheimischen Adel. Er heiratete höchst vorteilhaft eine Schwester des dänischen Königs, auch die Töchter wurden sehr erfolgreich untergebracht und Gottorf so mit weiteren europäischen Fürstenhäusern verbunden. Johann Adolf förderte Kunst, Musik und Wissenschaften; 1606 wurde die später berühmte Gottorfer Bibliothek gegründet, Schloss Gottorf prachtvoll ausgestattet. Schlosskapelle, Betstube und

Skrupelloser Bauernfeind: Herzog Adolf

lehrter Adam Olearius betreute die herzoglichen Sammlungen, die Bibliothek und die 1650 gegründete Kunstkammer. Nach Olearius' Plänen wurde der berühmte →*Gottorfer Globus* gebaut, ab 1637 entstand der →*Barockgarten* Neuwerk.

Kühn, wenn auch nicht erfolgreich, war Friedrichs Handelspolitik: 1633, mitten im Dreißigjährigen Krieg, rüstete er eine Expedition aus, die über Russland nach Persien reiste. Das Ziel: den lukrativen Seidenhandel nach Westeuropa über das kleine Gottorfer Territorium zu lenken. Das gelang nicht, es sprang aber die berühmte Beschreibung der „Moskowitischen und Persischen Reise" des Adam Olearius heraus, der die Expedition als Sekretär begleitet hatte.

Friedrich III. hatte – dank der Fürsprache des immer mächtiger gewordenen Schweden – den Verwandten im dänischen Königshaus noch die Souveränität abgehandelt. Beim Regierungsantritt seines Sohnes im Jahre 1660 war Gottorf eine glanzvolle Residenz. Christian Albrecht (1641–94) vollendete die großartige Terrassenanlage des barocken Gartenkunstwerks und ist der Nachwelt auch als

Hirschsaal im Nordflügel zeugen noch heute davon.

Friedrich III. (1597–1659) baute den Gottorfer Hof zu einem kulturellen Zentrum ersten Ranges in ganz Nordeuropa aus. Kunst, Musik und Wissenschaften fanden das allerhöchste Interesse des Fürsten, vor allem Mathematik und Astronomie. Sein Hofge-

Gründer der Kieler Universität in Erinnerung geblieben. In seiner Regierungszeit musste er sich mühsam der Attacken aus Kopenhagen erwehren, was ihm jedoch mithilfe Schwedens gelang. Sein Nachfolger Friedrich IV. (1671–1702) war am Hof in Stockholm erzogen worden und hatte von dort offene Feindschaft gegenüber Dänemark mitgebracht. Er fiel 1702 als schwedischer General in einer Schlacht in Polen; sein Sohn Karl Friedrich (1700–39) war damals erst zwei Jahre alt. Die Vormundschaftsregierung setzte den Konfliktkurs gegenüber Dänemark fort.

Die Souveränität gegenüber Dänemark hatte der kleine Gottorfer Staat nicht aus eigener Kraft erreicht, sondern nur durch die Unterstützung des militärisch starken Schweden, das mit Dänemark dauerhaft im Clinch lag. Als der Nordische Krieg (1700–21) gegen Russlands Herrscher Peter I. für Schweden in einer Katastrophe endete, war auch die Gottorfer Herrlichkeit vorbei. 1713 besetzte der dänische König das Herzogtum Schleswig und zog das Lehen ein. Das Ende des Nordischen Krieges 1721 besiegelte Schwedens Niederlage und das Ende

der Gottorfer Herzöge in Schleswig; dem seit 1718 regierenden Karl Friedrich blieb nur ein kleines, zerstückeltes Restterritorium in Holstein.

Der Glanz der kleinen Residenz war hin: Stadt und Herzogtum Schleswig wurden seither von einem Statthalter des dänischen Königs verwaltet. Das gesamte Inventar des Schlosses wurde

Die Erbhuldigung der schleswigschen Stände vor König Friedrich IV. 1721. Ölgemälde von Lorenz Frölich 1854. In Wirklichkeit fand die Veranstaltung natürlich im Schloss statt.

nach Kopenhagen geschafft, einschließlich der kostbaren Sammlungen und der Bibliothek; den Globus hatte Peter I. schon 1713 abtransportiert. Nach den ständigen Auseinandersetzungen zuvor wurde das 18. Jh. jedoch als eine Zeit der Ruhe empfunden; nationale Gegensätze spielten noch keine Rolle.

Noch einmal tauchten die Gottorfer aus der Versenkung auf – und zwar auf der ganz großen Weltbühne. Aber das dauerte nur sechs Monate und ist ein Fall von →*Mord und Totschlag*.

Holm

Was für ein Kontrast zu heute: der Friedhof im Zentrum des Dorflebens, Tod und Vergänglichkeit jederzeit vor Augen. Nach Bränden im 17. und 18. Jh. erhielt die Fischersiedlung Holm ihre heutige Form, ihre Entstehung liegt jedoch viel weiter zurück: Die erste schriftliche Erwähnung stammt aus dem Jahre 1309. Neben Bränden waren Kriege, Pest und andere Krankheiten die Plagen jener Zeiten; früh gestorben wurde ohnehin, die Kindersterblichkeit war hoch. Der Tod eines Familienangehörigen oder eines Nachbarn gehörte zum Alltag; kein Wunder also, dass man damals mit dem Friedhof und den Toten lebte.

Der Holm ist kein Freilichtmuseum, hier wohnen ganz normale Leute. Und das pittoreske Erscheinungsbild täuscht insofern, als jene Fischer, Handwerker und Gewerbetreibenden, die vor 200–300 Jahren 80 kleine, meist einstöckige Häuser bauten, nicht unbedingt zu den Begüterten gehörten. Steuerlisten vom Beginn des 18. Jh. weisen sie als die ärmsten Bewohner Schleswigs aus.

„Holm" bedeutet in den skandinavi-

schen Sprachen ein von Wasser umgebenes Gebiet, eine Insel also. Eine Insel war der Holm noch bis in die 1930er-Jahre: Der Fischbrückbach verband die →Schlei und das Holmer Noor, eine früher schiffbare Ausbuchtung, die heute bis auf einen kleinen Rest verlandet ist. 1935 wurde im Zusammenhang mit dem Bau einer Ka-

Der Friedhof im Zentrum des Dorflebens: Der Tod gehörte früher zum Alltag.

serne auf der „Freiheit" (so hieß das unbebaute Gelände östlich von Fischersiedlung und →*Johanniskloster*) der Bach zugeschüttet, und die heutige Knud-Laward-Straße entstand. Mit seinen kleinen Häusern wirkt der Holm ein bisschen wie eine Puppenstube: Sprossenfenster in „Utluchten" (kleinen Erkern, aus denen man die Straße in verschiedene Richtungen im Blick haben kann), „Klöndören", die einen Schnack mit den Nachbarn erlauben, ohne dass die untere Türhälfte geöffnet werden muss. Der Vorteil: Kleinkinder und Kleinvieh bleiben drinnen. Oder draußen, je

Bürger und Fischer: Pflanzt Rosen!

Beamten; der Dezernent für →*Fischerei* mit Sinn für Ästhetik richtete in den 1870er-Jahren flammende Aufrufe an die Bürger: „Pflanzt Rosen vor Euren Häusern!"

Vom Wandel der Zeiten bleibt jedoch auch der Holm nicht verschont. Die Fischerei spielt wirtschaftlich keine große Rolle mehr, die hübschen Häuser könnten zu Ferienwohnungen oder, schlimmer, zu Spekulationsobjekten werden. Kleine Läden zur Versorgung der Bewohner gibt es schon lange nicht mehr.

Das Fest der Holmer →*Beliebung*, der 1650 gegründeten Totengilde aus Pestzeiten, wird jedoch wie eh und je nach althergebrachtem Ritual gefeiert. Der Totenehrung auf dem Friedhof folgt die Generalversammlung, abends Umzug und Festball in „Schapptüch" und mit „Danzmusik" aus uralten Zeiten. Auch der Termin liegt seit eben diesen Zeiten fest: der zweite Montag nach Pfingsten. – Eine junge Tradition wird seit den 1950er-Jahren gepflegt: die →*Zwieback-Regatta*.

In der Süderholmstraße 2 befindet sich eine kleine Niederlassung des →*Stadtmuseums*.

nach Bedarf. Dabei sind die Fenster adrett mit weißen Gardinen ausgestattet, die Fensterbänke mit Geranien und Nippes bestückt, neben der schmucken Haustür blühen Rosen. Dies auf Anregung eines preußischen

Holm-Idyll in Kombination mit schleswig-holsteinischer Traditionspflege in Blau-Weiß-Rot

Johanniskloster

Ein richtiges Kloster ist es eigentlich nicht: Nach der Reformation übernahm 1536 die schleswig-holsteinische Ritterschaft die schon damals ehrwürdige Anlage und wandelte sie um in ein Stift für ihre unverheirateten Töchter. Die haben auch heute noch Wohnrecht. Im Prinzip.

Gegründet wurde St. Johannis vor Schleswig (auf diese althergebrachte Bezeichnung legt Priörin Henny von Schiller wert) schon um 1200, als Benediktinerinnen-Kloster. Der Grund: In einem Vorgänger-Kloster in Schleswig sollen Nonnen und Mönche unter einem Dach zu gut miteinander harmoniert haben, ein Chronist beklagte einen „tiefen Grad der Sittenlosigkeit". Die kirchliche Obrigkeit schickte die Nonnen vor die Stadt und verbannte die Mönche in das ebenfalls neue Kloster Guldholm am Langsee. Brände verwüsteten St. Johannis 1299 und 1487, man baute die Anlage wieder auf, im 17. und 18. Jh. kamen einige Neubauten hinzu. Heute gilt St. Johannis als das besterhaltene Klosterensemble in Schleswig-Holstein.

Der Öffentlichkeit zugänglich (bei Führungen) sind die Klosterkirche und der Kapitelsaal, der Remter sowie der Innenhof mit dem vollständig erhaltenen Kreuzgang – hier wie im →*Dom* „Schwahl" genannt (von dän. sval = kühl). Angenehm kühl war es hier sicherlich an heißen Sommertagen. Bitterkalt jedoch war das weitgehend unbeheizte Gemäuer im Winter. Bis schließlich die adligen Damen sich einen Kachelofen in ihren Remter setzen ließen, den Speise- und Versammlungssaal. Kühn geworden, schrieben sie darauf: „Feuer tüchtig in Gang, Winter, du machst uns nicht bang!" Im Remter ist 700 Jahre altes, geschnitztes Chorgestühl zu bewundern, mit dämonischen Fabelwesen und Rankenwerk reich verziert. Außerdem eine 300 Jahre alte Schrank-Orgel: Hier entstand das auf dem Sängerfest 1844 erstmals vorgetragene Lied „Schleswig-Holstein, meerumschlungen", das „mit Kraft und Feuer" zu singen ist, wie der Komponist verfügte. Eben dieser Komponist Carl Gottlieb Bellmann war seinerzeit Kantor der beschaulichen Klosterkirche

Der Kreuzgang, hier wie im Dom Schwahl genannt, ist vollständig erhalten.

St. Johannis; sein Grabstein steht noch heute auf dem Friedhof.

Beeindruckend sind auch die Familienwappen der verstorbenen Konventualinnen im Remter wie in der Klosterkirche. Die Kanzel der Kirche wurde von König Friedrich V. gestiftet, sie stammt wie die Gebetsstübchen der Konventualinnen, auch „Logen" genannt, vom Beginn des 18. Jh. Die Kirche ist eine Patronatskirche, also eine Privatkirche, die vom Besitzer selbst zu unterhalten ist. Eine „teure Angelegenheit", weiß die Priörin, ebenso wie die Sanierung des uralten Mauerwerks, innen wie außen. Ein Freundeskreis hilft dabei, Geld aufzutreiben.

Dem Unterhalt der 800 Jahre alten Klosteranlage dienen auch die Mieteinnahmen aus den modernisierten Wohnungen auf dem Gelände, die an Familien und Einzelpersonen vermietet sind. Konzerte steuern ebenfalls ein Scherflein bei und rücken überhaupt das Kloster ins Bewusstsein der Öffentlichkeit. Auch Trauungen und Taufen sind in der ehrwürdigen Kirche möglich.

Noch eine erstaunliche Besonderheit: Das Tafelsilber des Geheimrats von

An dieser Orgel spielte Carl Gottlieb Bellmann, der Komponist des Schleswig-Holstein-Liedes.

Foto links: St. Johannis gilt als besterhaltenes Klosterensemble im Lande.

Goethe wird ausgerechnet in diesem verschwiegenen Winkel auf dem →Holm vor Schleswig verwahrt. Die Lösung des Rätsels: Die Schwester der Priörin Ulrike von Pogwisch war mit August Goethe, dem einzigen Sohn des Dichters, verheiratet. Sie vermachte dem Kloster das Silber. Vor einigen Jahren meinte man in Weimar, besser begründete Ansprüche auf diesen Schatz zu haben. Kurze Antwort der Priörin: „Nö!"

Landesarchiv

„Dat se bliven ewich tosamende ungedelt": Den klassischen Spruch aus dem Ripener Vertrag von 1460 kann nicht nur jeder hersagen, es gibt ihn auch ganz materiell, schwarz auf weiß auf Papier, beurkundet mit reichlich Siegeln der Vertragspartner König und Ritterschaft. Auch die Kapitulationsurkunde der gegen die Landesherren aufbegehrenden Dithmarscher (von 1559) wird hier verwahrt. Im Prinzenpalais im →*Friedrichsberg* ist das „Gedächtnis" des Landes Schleswig-Holstein untergebracht: 10000 m² Magazinfläche, 12000 Pergamenturkunden, 32000 laufende Meter Akten, etwa 90000 Karten, über 400000 m Dokumentarfilm, eine Präsenzbibliothek mit rund 110000 Büchern.

Das Palais, ein um 1700 errichtetes dreiflügeliges Herrenhaus, wurde in den 1980er-Jahren sorgfältig restauriert. Seinen Namen erhielt es nach Friedrich Emil August Prinz zu Schleswig-Holstein-Sonderburg (Noer), dem Oberbefehlshaber der Aufständischen 1848. Weitere berühmte Bewohner und Besucher waren König Friedrich IV. von Dänemark, der dänische Oberbefehlshaber im deutsch-dänischen Krieg 1864, General de Meza, und als Top-Promi der russische Zar Peter I., der „Große" genannt.

Dessen Vorgänger, Zar Michail Fjodorowitsch, stellte 1638 das „Transitvisum" für jene Delegation aus, die der Regent des Gottorfer →*Herzogtums* ins ferne Persien sandte. Gerichtsakten, das Kaiserliche Gründungsprivileg für eine Universität im Herzogtum Holstein von 1652, der dekorativ gestaltete Ehevertrag zwischen dem späteren Kaiser Wilhelm II. und Prinzessin Auguste-Victoria von Schleswig-Holstein sind nur ein paar jener Denkwürdigkeiten, um deren sorgfältige Verwahrung sich Restauratoren wie Spezialisten der Klimatechnik kümmern. Das älteste Stück ist eine Urkunde aus dem Jahre 1059: ein Bußbescheid des Hamburger Erzbischofs Adalbert an eine adlige Dame – drei Tage ab ins Kloster, jährlich. Kann so schlimm nicht gewesen sein.

Aufgabe der Konservatoren ist es, die Kostbarkeiten auf Dauer zu sichern. Manch ein Dokument jedoch wird als Ruine angeliefert – anders ist der Zustand nicht zu bezeichnen; so etwa

Kapitulationsurkunde der Dithmarscher Bauern von 1559

die Landesbeschreibung von Caspar Danckwerth und Johannes Mejer von 1652. Nässe und Schimmelbefall bei unsachgemäßer Lagerung, mechanische Schäden durch häufige Benutzung sind zeitlose Probleme; heute selten, früher sehr häufig waren Verluste durch Mäusefraß. „Gefräßig" sind auch Insekten, ebenso wie Tinte und Kupfer.

Die Restauratoren in der archiveigenen Werkstatt versuchen zu retten, was zu retten ist: durch „Umbettung" in alterungsbeständige Mappen und Kartons etwa oder durch Lagerung in klimatisierten Magazinen. Bei der Restaurierung gilt der Grundsatz, dass fehlende Stücke nur mit Material derselben Art ersetzt werden dürfen. Jede Restaurierung muss zudem erkennbar und auch rückgängig zu machen sein. Mit Ausstellungen von Dokumenten, mit Führungen und Vorträgen versucht man, eine interessierte Öffentlichkeit anzusprechen; Fortbildungsseminare lehren den Umgang mit Archivquellen sowie das Lesen alter Schriften. Für zeitgemäße Aufgaben ist das teils barocke, teils klassizistische Herrenhaus um einen funktionalen Neubau mit Lesesaal, Magazin und Werkstatt erweitert worden; der Besucher entdeckt ihn erst auf den zweiten Blick, da er „sich in respektvoller Entfernung hält", wie die Archivare selbst feststellen.

Landesgartenschau

Früher regenerierten sich hier des Königs Pferde, im Jahre 2008 erfreuen 754072 Blumen und Stauden die Besucher: auf den zentral gelegenen Königswiesen, →*Schloss Gottorf* und den →*Dom* im Blick, präsentiert Schleswig die erste Landesgartenschau zwischen Nord- und Ostsee.

„Gartenzimmer" lassen den Besucher eine Zeitreise erleben: vom mythischen „Urgarten" über Renaissance, Barock, den Englischen Garten, moderne Anlagen bis zum „Garten der Zukunft". Rosen, Stauden, Gräser, Zen, Kunstschmiedearbeiten im Garten liefern die Stichworte für verschiedene Themengärten; ein „Schleikanal" durchzieht das Gelände.

Das 16 ha große Gebiet, zuvor eine brachliegende Fläche, wurde bei Hochwasser der →*Schlei* manchmal überflutet und nur zeitweise für Veranstaltungen genutzt. Nach dem Ende der Gartenschau bleibt für Schleswig immerhin ein zentral gelegener Stadtpark mit Spielplätzen und Freilichtbühne, Heckengärten und dem Schleikanal. Auch das modernisierte Louisenbad und der neue

Schiffsanleger sind Investitionen auf Dauer.

Die neu gestaltete, zentral gelegene Grünfläche ermöglicht es, einen be-

Ran ans Wasser: das Landesgartenschau-Gelände im Zentrum der Stadt

achtlichen Abschnitt der Uferlinie für die Stadt zu gewinnen: Bisher gab es, obwohl sich die Stadt kilometerlang an der Schlei ausdehnt, erstaunlich wenig Gelegenheit, dem Wasser näher zu kommen.

Landesmuseum für Kunst und Kultur

Das Zeitalter des Barock hat Gottorf geprägt – in diese Epoche fiel die Blütezeit des →*Herzogtums*. Entsprechend ist es ein Schwerpunkt der Schausammlungen, diese Glanzzeit durch eine Fülle hervorragender Werke zu dokumentieren. Dabei können Skulpturen und Gemälde, Teppiche und Gobelins, Möbel sowie Erzeugnisse von Kunsthandwerk und Buchdruck in einer großzügigen zeitgenössischen, nach 1624 stuckierten Raumfolge im Nordflügel präsentiert werden, die zu den am besten erhaltenen des Schlosses zählt. Als die Landesmuseen 1947 von Kiel nach →*Schloss Gottorf* verlegt wurden, verstand man dies auch als Auftrag, noch erreichbare Stücke aus der Gottorfer Zeit hier zusammenzutragen – alles, was nicht niet- und nagelfest

Die Gotische Halle beherbergte früher die fürstliche Bibliothek, heute sakrale Kunst des Mittelalters

war, war ja im 18. Jh. nach der „Vertreibung" der Gottorfer Herzöge nach Kopenhagen transportiert worden.

Entstanden ist das kulturgeschichtliche Museum aus einer Sammlung des Kieler Professors Gustav Thaulow, der im 19. Jh. „christliche Alterthümer" auf Kirchenböden und in Abstellkammern aufspürte und sie vor dem sicheren Verfall bewahrte: Andachtsbilder, Skulpturengruppen, Altaraufsätze. Die Bestände des nach ihm benannten Museums – es wurde im Krieg zerstört – bilden die Grundlage der heutigen Sammlungen, insbesondere der mittelalterlichen sakralen Kunst Schleswig-Holsteins, die heute in der Gotischen Halle präsentiert wird. Beim Rundgang trifft man kurz danach auf einen Raum mit Gemalden von Lucas Cranach d. Ä., der mit einer ganzen Reihe von Werken vertreten ist. Stolz wird auch eine Gutenberg-Bibel ausgestellt, die vor 25 Jahren durch Zufall in einem Rendsburger Kirchenarchiv ausgegraben wurde.

Eine weitere bemerkenswerte Abteilung ist Möbeln aus fünf Jahrhunderten gewidmet; Fayencen (zinnglasierte Keramiken) des 18. Jh. aus dem Ostseeraum werden in großem Variantenreichtum präsentiert. Die Jugendstilabteilung mit Porzellan und Geschirr, Gläsern und Karaffen, Malerei, Möbeln und Kunsthandwerk vermittelt eine Vorstellung von der Vielfalt dieser Kunstströmung. Das Kupferstichkabinett enthält, noch aus den Anfängen des Kieler Thaulow-Museums, größere Bestände aus dem 17. Jh. sowie Arbeiten von Johann Heinrich Wilhelm Tischbein – dem „Goethe-Tischbein". Auch größere Werkgruppen von Klassikern der Moderne wie Heckel, Kokoschka und Rohlfs sind vertreten.

Ölgemälde, Holzschnitte und Aquarelle des 20. Jh. enthält die „Galerie der klassischen Moderne", weitgehend eine Stiftung des Sammlers Rolf Horn. Vertreten sind die Künstler Nolde, Kirchner, Pechstein, Jawlensky, Rohlfs u. a.; die Werke sind in einem umgebauten Stallgebäude der Gottorfer „Kasernenzeit" untergebracht. In der umfangreichen Sammlung von Skulpturen des Bildhauers Ernst Barlach ist auch die Monumental-Figur des „Schwebenden" vertreten, einer von drei posthum entstandenen Bronzegüssen.

Landkreis

Mit einer Fläche von 2071 m² ist der Landkreis Schleswig-Flensburg der zweitgrößte im Land und auch bundesweit einer der größten – das Bundesland Saarland ist nur unwesentlich größer. Zum Landkreis gehören die Landschaft Angeln, der östliche Teil des →Geestrückens sowie im Südwesten die Landschaft Stapelholm. Ne-

ben Schleswig mit rd. 25000 Einwohnern gehören zum Kreisgebiet die Städte Kappeln (10000), bekannt als „Deekelsen" aus der Fernsehserie „Der Landarzt", Glücksburg (6000), berühmt durch sein einzigartiges Wasserschloss, und Arnis, das seit 1934 Stadtrecht genießt, immerhin 300 Einwohner zählt und sich stolz „kleinste Stadt Deutschlands" nennt. Hinzu kommen noch 132 Landge-

Regierungspalast des Landkreises Schleswig-Flensburg

meinden, für die 18 Ämter das notwendige Kommunalmanagement erledigen. Die Gesamtzahl der Einwohner des Kreises liegt derzeit bei rd. 200 000.

In seiner heutigen Form besteht der Kreis seit 1974. Die alten Kreise Schleswig und Flensburg-Land wurden damals zusammengelegt; zuvor hatten sie im Wesentlichen seit 1867 bestanden, als preußische Beamte in der Provinz die Regie übernahmen und 20 neue Landkreise schufen. Allerdings musste 1974 der neue Verwaltungsbezirk die Stadt Friedrichstadt, ganz im Westen des alten Landkreises Schleswig am Zusammenfluss von Eider und Treene gelegen, nach Nordfriesland ziehen lassen.

Einige Wirtschaftsdaten: Im Jahre 2006 waren im Kreis ca. 42 000 Personen sozialversicherungspflichtig beschäftigt, gleichzeitig wies der Bezirk ein Pendlersaldo von fast -13 500 auf und eine Arbeitslosenzahl von knapp 8500. Eine bundesweite Untersuchung der Binnenwanderung 18–30-Jähriger ergab, dass Schleswig-Flensburg zu den Landkreisen mit dem größten Minus gehört. Bemerkenswert: In diesem stark agrarisch ge-

prägten Gebiet arbeiten nur noch drei Prozent der sozialversicherungspflichtig Beschäftigten in der Landwirtschaft.

Das Tourismusgewerbe zählte für 2006 genau 993 649 Übernachtungen im Kreisgebiet. Dabei können exakt 10 659 Gäste gleichzeitig ein Dach über dem Kopf finden – in den 301 Beherbergungsbetrieben, die mehr als neun Betten haben.

In der gegenwärtigen Form wird der Verwaltungsbezirk unter Umständen nicht mehr sehr lange bestehen. Aktuelle Reformpläne sehen vor, die Landkreise Schleswig-Flensburg und Nordfriesland mit der kreisfreien Stadt Flensburg zu einer Einheit zusammenzuschließen.

Lollfuß

Kein richtiger Stadtteil, sondern ein langer Straßenzug: Zusammen mit dem →Stadtweg stellte der Lollfuß einst die Verbindung her zwischen den beiden Zentren →Altstadt und →Schloss Gottorf. Die Nähe zur Residenz sorgte für wirtschaftliche Aktivität, Handwerker und Hofbeamte siedelten sich hier an. Im Jahre 1601 standen hier schon 25 Häuser, 1630 waren es 83. Aber, o weh, „Dreck und Mist" verpestete die Luft; „ganz unflätige und unsaubere Stätten" gereichten Adel, Hofräten und Hofdienern „zu merklichem Verdruß und Widerwillen sonderlich in heißen Sommertagen". Am 29. März 1613 erging ein fürstlicher Befehl, „Mist und Unfläterey nicht auf die Straße, sondern von dannen aufs Feld (zu) bringen".

Kirchliche Statistiker vermerkten 1650 schon 106 und 1670 bereits 125 Häuser, in denen neben Hofbedienten aller Dienstgrade „Bürger der verschiedensten Professionen und Hantierungen" wohnten. Das erregte den Unmut der Altstadtbewohner: sie fürchteten, ins Abseits zu geraten. Die Gegenmaßnahme: Wer sich am Lollfuß niederließ, verlor sein Schleswiger Bürgerrecht. 1711 beendete man den Streit: Lollfuß, Altstadt und →Friedrichsberg wurden zur „combinirten Stadt" zusammengefasst.

An bessere Zeiten erinnert noch der Heespenhof, ein Adelspalais von 1754. Heute ist hier das Amtsgericht untergebracht. Ein Obelisk ist den Schleswig-Holstein-Aktivisten von 1848/51 Graf Friedrich Reventlow und Wilhelm Hartwig Beseler gewidmet. Vom einst geschäftigen Leben dieser Straße ist jedoch wenig geblieben: Von den früher zahlreichen Hotels im Westteil existiert keines mehr, nicht wenige Wohnungen und Läden im gesamten Straßenzug stehen leer, die Fassaden – bonjour tristesse! – machen einen heruntergekommenen Eindruck.

Das muss in Zukunft nicht unbedingt ein Nachteil sein – schon gar nicht, wenn man den Lollfuß mit der Architektur-Brutalität im östlich angrenzenden Stadtweg vergleicht. Die Fassaden sind noch nicht kaputtsaniert, manch barocke und klassizistische Verzierung hat sich bis auf den heutigen Tag durchgekämpft und erfreut den Spaziergänger ebenso wie einige Treppen, Giebel, Fenster, Haustüren

Der Heespenhof, heute Amtsgericht, ist ein Adelspalais von 1754.

und Portale. Und mittendrin das putzige kleine →*Theater*, das dann von der Rückseite aus betrachtet so klein gar nicht ist. Es braucht wenig Fantasie, sich hier das gemütliche, beschauliche Landstädtchen vorzustellen, das Schleswig einmal war.

Zwischen den Häusern Nr. 48 und Nr. 50 führt seit 1926 die Lollfußtreppe zur Schützenkoppel und zur Michaelisallee hinauf. Die rd. 100 Stufen lassen den Höhenunterschied von fast 40 m deutlich werden, aber es lohnt sich: die Aussicht auf die →*Schlei* ist beeindruckend. – Der Lollfuß beginnt übrigens bereits am Gottorfer Damm, biegt dann nach rechts und endete ursprünglich erst am →*Präsidentenkloster* (heute Stadtweg 57). Genau 1076 Schritt.

Louisenlund

Landgraf Carl von Hessen, Statthalter der dänischen Krone in den Herzogtümern, ließ zwischen 1772 und 1776 das Schloss errichten, das er nach seiner Frau Louise benannte. Die wiederum hatte das Gut von ihrem Bruder geschenkt bekommen, dem gerade zur Regierung gelangten König Christian VII. von Dänemark. 1831 ging Louisenlund in den Besitz der Herzöge von Schleswig-Holstein-Sonderburg-Glücksburg über, 1949 wurde es in ein Internat umgewandelt, das eine Stiftung unterhält. Die malerische Hügellandschaft lädt ein zum Nachdenken und Lernen, die →*Schlei* zum Segeln.

Der Landgraf war zeitlebens der Mystik und den Ideen der Freimaurer sehr zugetan. Er ließ einen englischen Landschaftsgarten anlegen, in dem man auf symbolischen „Wegen der Erleuchtung" wandeln kann. Von den mit freimaurerischem Symbolgehalt aufgeladenen Kleinarchitekturen haben sich Reste erhalten: hier das Fundament eines Turmes, dort eine Säule oder ein Gedenkstein. Ob es sich um Inschriften altgermanischer →*Runen-*

steine handelte oder um ägyptische Hieroglyphen: es galt, sie zu entziffern, um den Altvorderen Weisheit und Weltsicht zu entreißen. Dem uneingeweihten gemeinen Spaziergänger erschließen sich die Rätsel kaum. König Friedrich VI., ein Schwiegersohn des Landgrafen, nahm bei seinen Aufenthalten in Schleswig stets in Loui-

L

87

Nicht immer sind die „Wege der Erleuchtung" so breit und so geradlinig.

senlund Quartier. Ihn bezeichnen Historiker als den volkstümlichsten aller dänischen Könige, die nach 1721 über Schleswig und Holstein herrschten. Seine Lebensweise wird als „puritanisch-einfach und patriarchalisch-spießbürgerlich" charakterisiert, gerühmt wird jedoch seine Gerechtigkeitsliebe und ebenso sein „milder, versöhnlicher Sinn" bei den Militär-„Revuen".

1835 weilte der König zum letzten Mal in Louisenlund. Ein Chronist: „Eine leise Melancholie und die Schatten der Vergangenheit umspielten von da an die Stätte früheren Glanzes."

Möweninsel

Auf der Möweninsel, heißt es, residierten die Herzöge, bis sie 1268 auf die Gottorfer Schlossinsel umzogen. Der 1131 erschlagene Knud Laward saß demnach mit seinen Getreuen auf der „Jürgensburg" genannten Befestigung, ebenso wie Herzog Abel, der durch Brudermord traurige Berühmtheit erlangte (→Mord und Totschlag). Bei extremem Niedrigwasser hat man Reste von Brücken zwischen Insel und Festland ausgemacht. Dennoch, vorsichtige Leute setzen Fragezeichen, der endgültige Beweis für die Existenz der Jürgensburg stehe noch aus.

Sichtbare Zeichen hat die Jürgensburg jedoch an anderer Stelle hinterlassen: im Wappen der Stadt Schleswig. Die wehrhafte Stadtmauer und der Turm stellen diese frühe Befestigung auf der Möweninsel dar, die Wellen symbolisieren natürlich die →Schlei. Stern und Halbmond werden unterschiedlich gedeutet: entweder als königliche Herrschaftszeichen oder aber als Gestirne im Zusammenhang mit der Schifffahrt, die zur Zeit der Stadtgründung für Schleswig von so großer Bedeutung war.

Die Insel war in neuerer Zeit unbewohnt und zog so die Möwen an (vor allem die kleineren Lachmöwen), was

ihr den Namen gab. Unbehelligt blieben die Vögel aber nicht: Während der Statthalterzeit nach dem Ende des →Herzogtums Gottorf feierte man jedes Jahr am Ende der Brutzeit im Juli ein großes Volksfest, den „Möwenpreis". Honoratioren und Stadtsekretäre, Bäcker und Bauern, Jäger und Fischer: alle hielten sich auf Booten rings um die Insel bereit, um auf das Signal eines königlichen Beamten hin eine möglichst große Zahl der Möwen abzuknallen.

Zwar wurden auch viele geschossene Vögel verspeist, zumal von der „ärmeren Volksklasse"; meist jedoch wurden die Tiere „aus bloßer Lust am Totschießen" erlegt. Das rief Kritiker auf den Plan, doch denen hielt man entgegen: „Ja nicht abschaffen! Volksfeste erzeugen Frohsinn, Frohsinn macht gute Menschen." Erst 1867 verbot die neue preußische Obrigkeit das gesellige Schießen, um den Bestand der Vogelkolonie zu sichern.

Als Delikatessen galten schon zu Herzogs Zeiten die Eier der Möwen. Nach dem Verbot des frohsinnigen Schießens sammelte ein Pächter (der „Möwenkönig") sie ein und verkaufte sie an Feinschmecker. Auch Wettessen wurden veranstaltet, deren Teilnehmer aber wohl nicht unbedingt Gourmets waren. Der Rekord soll bei 44 verspeisten Eiern gelegen haben. Für den 10. Mai 1928 verzeichnet die städtische Chronik folgende Denkwürdigkeit: „Ehrung des Reichsaußenministers Dr. Stresemann durch die DVP durch die Übersendung von 50 Möweneiern". Er wird sie hoffentlich nicht alle auf einmal verspeist haben. Ein jährliches Deputat an Möweneiern erhielten schon die Kaiser Wilhelm I. und II., außerdem Bismarck, Reichspräsident von Hindenburg und später, natürlich, Adolf Hitler.

Seit 1989 ist auch mit der Delikatesse Möweneier Schluss: das Land Schleswig-Holstein erließ ein Handelsverbot. Grund: zu hohe Schadstoffbelastung. 2006 ergaben neue Untersuchungen von Lach- und Silbermöweneiern einen Gehalt an DDT, PCB und Quecksilber, der deutlich über dem zulässigen Wert für Hühnereier lag. Sie hätten nicht als Lebensmittel verkauft werden dürfen, da selbst längeres Hartkochen der Eier den aus der Umwelt aufgenommenen Schadstoffen nichts anhaben kann.

Mord und Totschlag

Nicht immer ging es gesittet zu in früheren Zeiten, manch eine Familienfehde wurde höchst blutig entschieden. 1115 wurde der Dänenprinz Knud, Neffe des Königs Niels, von diesem zum Jarl (etwa: Markgraf) von Schleswig ernannt. Als solcher war er Statthalter des Königs im Grenzland zu den Sachsen und den slawischen Wenden. Er förderte und sicherte den Handelsplatz Schleswig – erst 50 Jahre zuvor war →*Haithabu* zerstört worden –, baute ein Kastell auf der →*Möweninsel*, die Jürgensburg, und genoss hohes Ansehen in der Stadt, was sich in seinem Beinamen Laward („Herr" wie engl. „Lord") zeigt.

Knud Laward betrieb jedoch auch eine ebenso selbstbewusste wie eigenständige Außenpolitik gegenüber Sachsen und Wenden, was am dänischen Königshof einigen Argwohn erregte. Ein Chronist bemerkte: „In allem machte sich Knud, was Stellung und Würde anging, seinem Onkel gleich." Knuds Vetter Magnus, Sohn des regierenden Königs, sah vermutlich seine Felle davonschwimmen – er lockte den Rivalen 1131 in einen Hinterhalt und ermordete ihn.

Glück hatten weder Mörder noch Helfer. Magnus verlor drei Jahre später in einer Schlacht sein Leben, König Niels, als Mitwisser verdächtigt, wurde im selben Jahr in Schleswig von Bürgern der Stadt erschlagen; er hatte vergeblich im →*Dom* Schutz gesucht. Knud Lawards Sohn, seit 1150 Herzog in Schleswig, wurde 1157 von den Granden des dänischen Reiches zum König gewählt; als Waldemar I. erhielt er den Beinamen „der Große".

100 Jahre später gab es erneut Streit bei Herzogs und Königs. 1241 starb Waldemar II. Sein Sohn Erik (genannt Plogpenning) erbte die Königswürde, der jüngere Sohn Abel wurde mit dem Herzogstitel in Schleswig abgefunden. Damit war dieser ganz entschieden nicht zufrieden. Nach heftigen Auseinandersetzungen ließ er am 10. August 1250 seinen Bruder Erik bei einem Besuch in Schleswig gefangen nehmen und in einem Boot auf der →*Schlei* bei Missunde erschlagen – als Brudermord Stoff für unzählige Sagen und Legenden. Abel wusch seine Hände in Unschuld, er und seine Spießgesellen schworen 1000 Mein-

Gedenkstein im Wickeltal

auf Betreiben der Geistlichkeit aus dem Gotteshaus entfernt. Der Grund: Wegen des Brudermordes fand Abel keine Ruhe und spukte im Dom herum, hieß es. Im Wickeltal nordwestlich von →*Schloss Gottorf* steht sein Grabstein.

Und noch ein drittes Mal wurde Streit in der Familie durch Mord entschieden. Nachdem die Gottorfer im Nordischen Krieg ihr Stammland verloren hatten, das →*Herzogtum* Schleswig, erschienen sie kurze Zeit später auf der ganz großen Bühne: auf dem Zarenthron. Herzog Karl Friedrich hatte nach dem Scheitern seiner an Schweden orientierten Politik auf die russische Karte gesetzt und 1725 Anna Petrowna geheiratet, eine Tochter des Zaren Peter I. Ihr Sohn Karl Peter Ulrich, 1728 in Kiel geboren, trat 1762 als Peter III. die Nachfolge der Zarin Elisabeth (Petrowna) an. Er wurde jedoch bereits nach sechs Monaten gestürzt und kurz darauf umgebracht; seine Gemahlin regierte als Katharina II. 33 Jahre, sie starb 1796. Hatte sie den Mord in Auftrag gegeben? Historiker verbuchen die Ereignisse vielsagend in der Rubrik „ungeklärte Fälle".

eide; die dänischen Fürsten wählten Abel daraufhin zum König. Aber nur zwei Jahre konnte er sich über seine Krone freuen, dann war auch er eine Leiche.

Abel wurde im Schleswiger Dom bestattet, der Leichnam jedoch später

Mitte des 15. Jh. ist erstmals von einer Orgel im →*Dom* die Rede. Einen Neubau gibt es 1555, 1610 wird aufwendig repariert. Das heutige Instrument ist nicht ganz so alt: Es stammt aus dem Jahr 1963, gebaut von der Firma Marcussen aus Apenrade. Den Orgelprospekt hat man so wiederherge-

Manchmal besinnlich ...

... manchmal laut ...

stellt, wie er 1701 ausgesehen hat; einige Teile stammen auch tatsächlich aus dieser Zeit. Orgelkonzerte im Dom gibt es das ganze Jahr über.

Auf ein beachtliches Alter kann auch der Domchor zurückblicken. Die 80 Sänger(innen) studieren jährlich zwei große Werke der Kirchenmusik ein, die zusammen mit professionellen Solisten aufgeführt werden. Aufzeichnungen von 1790 berichten erstmals von „Choraufführungen" unter der Leitung des Domorganisten, also kirchlichen Konzerten außerhalb des Gottesdienstes. Im Mittelalter sang im Gottesdienst der Chor der Kleriker, nach der Reformation waren hierfür die Schüler der Domschule zuständig. Das Schleswig-Holsteinische Sinfonieorchester bietet acht Konzerte im Stadt→*theater,* außerdem Sonder-, Promenaden- und Kinderkonzerte. Auch die Kammermusik kommt nicht zu kurz, schließlich gibt es Sommer-konzerte im Rahmen der Schlossfestspiele. Darbietungen im Rahmen des Schleswig-Holstein Musik Festivals finden an verschiedenen Veranstaltungsorten statt.

Weit über die Stadtgrenzen hinaus wird der „Schleswiger Jazzherbst" zur Kenntnis genommen, eine qualitätvolle Konzertreihe, die im Oktober im Rathaus beginnt und an anderen Veranstaltungsorten bis in den Dezember fortgesetzt wird. Viel Zuspruch findet auch „Swinging City" im Juli.

… oder auch gesellig-feuchtfröhlich: Musikvariationen in Schleswig

Natur und Umwelt

Vorab die gute Nachricht: Die Qualität des Schleiwassers ist in den vergangenen Jahren erheblich besser geworden. Vor 25 Jahren noch ließ kräftiges Algenwachstum die →*Schlei* im Sommer giftgrün „blühen"; inzwischen werden Abwässer besser geklärt, ist das Umweltbewusstsein höher, wird an Gewässerrändern weniger gedüngt. Das freut Fischer und Naturschützer ebenso wie Wassersportler und Spaziergänger.

Besuchern aus Ballungsgebieten präsentiert sich Schleswigs nähere Umgebung als fast intakte Naturlandschaft: Hügel, Felder, etwas Wald, viel Wasser, keine Industrie. Was will der Urlauber mehr? Ganz so paradiesisch ist die Lage jedoch nicht.

Ornithologen haben einen deutlichen Rückgang an Wiesenvögeln festgestellt – die Veränderung von Vogel-Populationen gilt als Indikator für den ökologischen Zustand von Biotopen. Üben also Verkehr und Bautätigkeit einen verstärkten Druck auf die Natur aus? Umweltschützer sehen einen solchen zivilisatorischen Druck, der durch die →*Landesgartenschau* auf die gegenüber liegende →*Möweninsel* ausgeübt werde: wo früher ein größeres Gebiet meist brachlag und manchmal überflutet wurde, entfaltet sich reger Baubetrieb, finden viele laute Veranstaltungen mit hohen Besucherzahlen statt, wird ein 50 m langer Anleger in die Schlei hinein gebaut. Der Grund für das Verschwinden der Lachmöwen von der Insel? Die waren aber schon vorher weg. Sind also die Silbermöwen schuld? Fragen über Fragen.

Es gibt auch Zuwächse und Neuzugänge. Graureiher gibt es in großer

Hügel, Felder, Wald, Wasser: Schleswigs Umgebung präsentiert sich als fast intakte Naturlandschaft.

Zahl, und mit den Heringen haben, aus Dänemark kommend, Kormorane die Schlei als interessantes Gebiet entdeckt. Die Fischer begeistert das nicht, Naturschützer aber freuen sich über jeden.

Nicht unproblematisch ist auch, dass die Zahl der Sportboote immer größer wird, dass Häfen erweitert oder neu gebaut werden. Ein Ärgernis für die →*Fischerei* sind dabei eher die größeren Yachten, die Netze und Geschirr zerstören; Naturschützer sehen dagegen mit Stirnrunzeln auf kleinere Jollen oder Kanus, deren Kapitäne vielleicht zu unpassender Zeit das Getier in Schilf- und Uferzonen aufscheuchen. Einer intakten, abwechslungsreichen Landschaft drohen aber neuerdings auch Gefahren aus ganz anderer Richtung: Biogasanlagen sollen zwar für klimaneutrale Energie sorgen, werden sie jedoch vorzugsweise mit Mais gefüttert, so könnte sich die Umgebung in eine entsprechende Monokultur verwandeln. Was heute schon zu besichtigen ist.

„Ungesäumt", so lautete die Anweisung von ganz oben (aus Berlin nämlich), seien Vorbereitungen zum Neubau eines Dienstgebäudes zu treffen. Tatsächlich erfolgte der erste Spatenstich noch im selben Jahr, den Grundstein legte man im folgenden präzise an Kaisers Geburtstag am 22. März 1876. Knapp drei Jahre später war der Klotz fertig: das preußische Regierungspräsidium. Der imperiale Protz- und Einschüchterungsbau veränderte das damalige Stadtbild enorm, für Denkmalschützer dokumentiert die „gewaltige, blockhafte Baumasse" den preußischen Machtanspruch gegenüber →Schloss Gottorf, der ehemaligen Residenz des →Herzogtums. Gespart wurde nicht. Im Treppenhaus Deckengemälde mit allegorischen Damen als Verkörperung der Herzogtümer, beschützt von einer dominierenden Germania, dazu Säulen, Pilaster, Friese, Stuckaturen, Städtewappen, reicher Wappenschmuck auch an der Außenfront – „solide und tadellose Materialien", lobte die Baurevision, ein „imponierender Eindruck". Dem wird kaum jemand widersprechen. In Größe, Stil und Baumaterial jedoch (rötlich-braune Verblender, Granit, Sandstein, gelbe Terrakotten) wirkt der Klotz so landesfremd wie ein – ja, wie ein „Roter Elefant". So denn auch der ortsübliche Name.

Eine rekonstruierte Wandinschrift im 3. Stock verkündet übrigens noch heute, wo der Regierungspräsident amtierte (in Zi. 92). Oberregierungsrat I waltete in Zi. 115, das Bureau I in Zi. 110 war für Staatsangehörigkeits-, Militär- und Gendarmeriesachen zuständig, Wandergewerbescheine für Ausländer gab es in Zi. 113. Auf der nämlichen Ebene befand sich die „Wachtmeisterei" – die heißt übrigens noch heute so.

Heute, seit 1948, ist in dem Bau im Stadtteil →Friedrichsberg das schleswig-holsteinische Oberlandesgericht (OLG) untergebracht – mit dieser Behörde wurde Schleswig nach dem Verlust der Landesregierung abgefunden. Der Generalstaatsanwalt hat hier seinen Sitz, auch das Landessozialgericht und das Sozialgericht Schleswig befinden sich hier. Ein Neubau von 1991 beherbergt Verwaltungsgericht und Oberverwaltungsgericht. Das Amtsgericht befindet

In Größe und Stil so landesfremd wie ein „Roter Elefant": so stellt sich das preußische Regierungspräsidium dar

sich im ehemaligen Heespenhof im →*Lollfuß*.

Die meisten OLG-Entscheidungen ergehen durch die 16 Zivil- und Familiensenate. Außenstehenden mögen sie oft belanglos erscheinen, ein Eindruck, der sich insbesondere dann einstellt, wenn es etwa um die beliebten Auseinandersetzungen um Lärmimmissionen von Fröschen aus nachbarlichen Teichanlagen geht. Für Betroffene sind Urteile zu Unterhalt, Schadensersatz oder Versicherungsleistungen hingegen alles andere als Alltagsbanalitäten. Hochkarätig, nämlich Staatsschutzsachen, sind in jedem Fall die (erstinstanzlichen) Verhandlungen der beiden Strafsenate. Überregionale und internationale Aufmerksamkeit gab es 1993 für den „Mölln-Prozess", in dem es um Mordanschläge aus fremdenfeindli-

„Solide und tadellose Materialien", lobte die Baurevision, „ein imponierender Eindruck!"

chen Motiven ging, und für den „Synagogenprozess" 1994/95, bei dem ein Brandanschlag ebenfalls rechtsradikaler Täter in Lübeck verhandelt wurde. Gut ein Jahrzehnt früher stand die „Landesjustizhauptstadt" Schleswig schon einmal im Brennpunkt der Aufmerksamkeit: Die

Frage, ob Demonstrationen gegen das geplante Atomkraftwerk in Brokdorf zulässig seien, entschied damals jedoch nicht das OLG, sondern das Verwaltungsgericht.

Seit 1993 erinnert vor dem Haupteingang die Skulptur „Der Gehenkte" an die Opfer der Nazi-Justiz von 1933 bis 1945. Eine Wanderausstellung, die allerdings derzeit nicht zu sehen ist, machte die belastete Vergangenheit der Richterschaft zum Thema, was zu heftigen Auseinandersetzungen führte: Außer den Beteiligten sträubten sich auch viele der später von ihnen Ausgebildeten gegen eine Aufarbeitung der NS-Justizgeschichte. Das Mahnmal vor dem Gebäude richtet sich nicht in erster Linie an eine diffus-allgemeine Öffentlichkeit, sondern an die Nachfolger der Richter und Staatsanwälte von damals. Ganz aktuell: Als höchste juristische Instanz nimmt im Mai 2008 ein Landesverfassungsgericht seine Arbeit auf. 60 Jahre kam man zwischen Nord- und Ostsee sehr gut ohne diese Institution aus; da aber alle anderen Bundesländer eine solche prestigeträchtige Einrichtung haben, gönnt sich Schleswig-Holsteins Politik jetzt auch eine.

Die Skulptur „Der Gehenkte" erinnert an die Opfer der Nazi-Justiz von 1933–1945.

Präsidentenkloster

Der 1656 errichtete eingeschossige Backsteinbau im →*Stadtweg* 57 vermittelt einen Eindruck davon, wie beschaulich-gemütlich Schleswig einst war und wie diese Straße früher einmal ausgesehen hat. Ein „Kloster" war das lang gestreckte Gebäude mit Satteldach und einem Giebel im Mittelteil nie: Der Gottorfer Kanzler und Regierungspräsident Johann Adolf Kielmann von Kielmannseck (Epitaph und ein gestifteter Altar im →*Dom*) ließ es

als Armenstift erbauen. Es enthält zwölf Kammern, die später zu „Kleinwohnungen" ernannt wurden, sechs für Frauen, sechs für Männer. Im westlichen Teil des Gebäudes befindet sich eine gemeinsam mit der →*Fachklinik* (Schlei-Kliniken) unterhaltene Außenstelle des →*Stadtmuseums*, in der Arbeiten von kunstschaffenden Patienten und von Bewohnern der Kliniken und Heime ausgestellt sind.

Malen, Zeichnen und andere bildnerische Betätigung wird von psychisch Kranken meist als entspannend und

konzentrationsfördernd empfunden. Gestaltungsmöglichkeiten mit unterschiedlichen Materialien unterstützen Kreativität und Fantasie, schaffen neue Ausdrucks- und Kommunikationsgrundlagen. Die Erfahrung, sich durch künstlerische Mittel ohne Worte mit der Umwelt auseinandersetzen zu können, kann den Gesundungsprozess fördern. Die Werke aus der wechselnden Ausstellung sind käuflich zu erwerben.

Sehenswert ist die kleine Kapelle in der Mitte des Gebäudes. Der spätgoti-

Der spätgotische Schnitzaltarschrein und die Kreuzgruppe stammen aus der Zeit um 1500.

sche Schnitzaltarschrein und eine Kreuzgruppe stammen aus der Zeit um 1500, die Entstehungszeit einer mit reichem Akanthusdekor versehenen Schrankorgel wird auf etwa 1700 datiert. Ein gusseiserner Beilegerofen, dessen Reliefs biblische Motive darstellen, entstand 1759, er wurde 1932 erworben. – Im östlichen Gebäudeteil befindet sich seit 1975 eine Ostdeutsche Heimatstube, die ebenfalls besichtigt werden kann.

Kein Kloster, sondern ein Armenstift mit zwölf Kleinstwohnungen, heute ein Museum

Rathaus und Graukloster

1794 entstand das heutige Rathaus erneut in der →*Altstadt*, obwohl sich Schleswig einige Jahrzehnte zuvor weit nach Westen ausgedehnt hatte. Der Vorgängerbau an gleicher Stelle war die umgestaltete, inzwischen baufällige Kirche eines Franziskaner-Klosters gewesen, Graukloster genannt nach der Farbe der Mönchs-kutten dieses Ordens. Natürlich stand das jeweilige Rathaus über Jahrhunderte im Zentrum des (Stadt-)Geschehens, von besonderer Bedeutung für Landes- und →*Stadtgeschichte* sind jedoch die Jahre 1836–46: damals tagte im Ständesaal die Ständevertretung des →*Herzogtums*, später dann der schleswig-holsteinische Provinziallandtag.

Ursprünglich stand an dieser Stelle ein dänischer Königshof, auf dessen Fundamenten die Franziskaner im Jahre 1234 ihr Kloster errichteten. Im mittelalterlichen Schleswig gab es eine beträchtliche Zahl von Klöstern verschiedener Orden. Sie wurden mit Beginn

Das Graukloster (links im Bild) wird heute von der Stadtverwaltung genutzt. Es wurde in den 1980er-Jahren saniert.

RATHAUS

der Reformation aufgelöst; die Mönche wurden „ausgejagt" und mussten „mit Bettelsack und Wanderstab in gleicher Qualität, wie ihre Vorfahren in dieses Land gekommen, wiederumb barfuß abreisen". Aus dem Grau-

Eine Armenwohnung und Wandmalereien aus dem 13. Jh. sind während der Rathaus-Öffnungszeiten zu besichtigen.

kloster der Franziskaner wurde ein Armenstift, die Kirche wurde zum Rathaus umgebaut.

Der dreiflügelige Klosterbau aus Backstein, zwischen 13. und frühem 16. Jh. entstanden, ist in den 1980er-Jahren detailliert untersucht und saniert worden und wird heute weitgehend von der Stadtverwaltung genutzt. Wandmalereien aus dem 13. Jh. und eine Wohnung aus neuerer Zeit, in der das Gebäude städtisches Armenhaus war, sind während der Rathaus-Öffnungszeiten zu besichtigen.

Der Ständesaal des Rathauses, in dem die Vertreter des Herzogtums tagten, erlebte 1846 während der Auseinandersetzungen um eine Verfassung höchst dramatische Stunden. Der königliche Kommissar von Scheel verweigerte die Entgegennahme ihm überreichter Petitionen – sie seien „ordnungswidrig beraten" und daher „zur Vorlage Allerhöchsten Ortes" nicht geeignet. Im Dezember wurde dann sogar die Ständevertretung wegen „pflichtwidrigen Benehmens der Majorität" aufgehoben, die nationalen Auseinandersetzungen nahmen ihren Lauf.

Die Schleswiger Ratsversammlung

Eingang zum Graukloster

tagt übrigens noch heute unter Bilderschmuck aus der ruhigen, friedlichen Entstehungszeit des Gebäudes in den 1790er-Jahren: die Längsseite des Saales ziert ein Porträt des hochangesehenen dänischen Statthalters Carl von Hessen. Rechts und links dokumentieren zwei Ölgemälde eine bemerkenswerte Infrastrukturmaßnahme, die zu eben dieser Zeit die Gemüter bewegt haben muss: die künstliche Öffnung der →*Schlei* bei Schleimünde.

Runensteine

1857 wurde der Runenstein bei Busdorf gefunden. „Rune" bedeutet so viel wie „Geheimnis", und Runen standen in enger Beziehung zur Magie – verwandte Wörter sind „raunen" oder „Geraune". Die Inschrift des Busdorfer Steins ist allerdings ziemlich klar: König Sven, so heißt es hier, „setzte diesen Stein für Skarthi, seinen Gefolgsmann, der nach Wes-

Die Runensteine sind Totengedenksteine, ...

... die in Verbindung mit militärischen ...

ten gefahren war, aber nun den Tod fand bei Haithabu." Skarthi hat offenbar mit seinem König in England gekämpft und sich seiner außerordentlichen Wertschätzung erfreut; dies legt die Inschrift des Steines nahe, den der König selbst für einen Gefolgsmann errichten ließ. Wobei mit König Sven zweifellos Sven Gabelbart gemeint ist, bekannt als Sohn von Harald Blauzahn.

Neben dem Skarthi-Stein fanden sich

im Umkreis von Schleswig und →*Hai-thabu* noch drei weitere Runensteine – alle sind Totengedenksteine, die in enger Verbindung zu den (dänischen) Herrschern des 10. Jh. in Haithabu stehen. Alle sind im Zusammenhang mit militärischen Auseinandersetzungen um den Handelsplatz entstanden.

Weitere Gemeinsamkeit: Sie lassen sich alle nicht exakt datieren. Zwei Nachbildungen (Erik- und Großer Sigtrygg-Stein) sind an den jeweiligen Fundorten zu bewundern, nicht weit vom Haddebyer Noor entfernt; die Ori-ginale stehen im →*Wikinger-Museum*. Die Kopien im Maßstab 1:1 sind so prachtvoll, als hätten Wikinger sie eben aus dem Baumarkt abtransportiert.

Die Deutung von Runen ist oftmals sehr viel schwieriger als im Falle des Skarthi-Steines; einzelne Zeichen vertreten mehrere Laute, es gibt unterschiedliche Schreibregeln, selbst die Schreibrichtung ist nicht einheitlich: mal sind die Zeichen senkrecht angeordnet, mal stehen sie auf dem Kopf, mal sind sie links-, mal rechtsläufig geschrieben. Beim Skarthi-Stein wechselt die Richtung von Zeile zu Zeile –

... *Auseinandersetzungen um Haithabu stehen.*

„bustrophedon", raunen die Sprachwissenschaftler: „wie ein Ochse das Feld pflügt".

Eine Schriftvariante erlaubte eine Art Runen-Steno für Handelsleute, das möglicherweise in Haithabu, dem damals bedeutendsten Handelsplatz im Norden, entwickelt wurde.

Schlei

Wie die Landschaften →*Schwansen und Angeln* ist auch die Schlei, die von Schleimünde aus über 40 km ins Binnenland reicht, ein Produkt der jüngsten Eiszeit, als bis zu 300 m dicke Gletscher das Land bedeckten. „Toteis", ein verzögert abtauender Eisrest, führte zur Bildung der seeartigen inneren Schlei zwischen Schleswig und Missunde; ein „Tunneltal", durch das Schmelzwasser unter dem Eis abfloss, ließ die eher flussartige mittlere Schlei zwischen Missunde und Rabel entstehen. Als vor rund 7000 Jahren der Meeresspiegel anstieg, überflutete Ostseewasser die Süßwasserseen. Die Schlei, zu Zeiten →*Haithabus* und der Wikinger ein wichtiger Schifffahrtsweg, wäre heute unter natürlichen Bedingungen eine Kette von Seen. Ohne menschliche Eingriffe würden Abbrüche an den Steilküsten der Ostsee und Strömungen die Verbindung zwischen Schlei und Meer versanden lassen. Die heutige Öffnung Schleimünde wurde vor mehr als 200 Jahren künstlich geschaffen und ebenso wie die Fahrrinne durch Baggerarbeiten offengehalten. Durch-

schnittlich ist die Schlei nur 3 m tief; die tiefsten Stellen sind bei Missunde (10 m) und bei Rabel (16 m).

Bei Schleimünde hat das Wasser noch einen Salzgehalt von ca. 18 Promille, durch Zuflüsse von Süßwasser aus dem Binnenland (den größten Beitrag liefert die Füsinger Au) wird der Salzgehalt jedoch ständig geringer; bei Schleswig sind es nur noch 4–8 Promille. Die Mischung aus Salz- und Süßwasser bezeichnet man als Brackwasser.

Relativ intakte Natur: die gesamte Uferlänge der Schlei beträgt rd. 150 km, die Wasserfläche rd. 5400 ha.

Die gesamte Uferlänge der Schlei mit allen Nooren (das sind mehr oder weniger stark abgetrennte Buchten) beträgt 150 km, die Wasserfläche rd. 5400 ha. Die schmalste Stelle bei Missunde ist nur 45 m breit.

Die Verlandung bei Schleimünde, größere Schiffstypen und andere Handelswege führten dazu, dass die Schlei in Mittelalter und früher Neuzeit zu einem Verkehrsweg von ausschließlich lokaler Bedeutung herabsank. Die künstliche Anlage der neuen Schleiausfahrt und die Vertiefung der Fahrrinne führten an der Wende vom 18. zum 19. Jh. noch einmal zu einer Blüte der Schleischifffahrt, die jedoch nur von kurzer Dauer war. Heute ist die Schlei ein Revier für →*Wassersport* und →*Fischerei* mit relativ intakter →*Natur*.

Schloss Gottorf

Clavis et Custodia totius Daniae – Schlüssel und Behüter ganz Dänemarks: so wird die einstige Burg auf einer Insel im äußersten Westen der →*Schlei* in alten Annalen charakterisiert. 1161 war sie als Bischofsburg entstanden, seit 1268 residierten Herzöge auf der heutigen Schlossinsel. Über Jahrhunderte bauten sie die Befestigungsanlage aus und um; aus der mittelalterlichen Burg wurde ein beeindruckender vierflügeliger Renaissance-Bau, der am Ende der großen Zeit des Gottorfer →*Herzogtums* die heute charakteristische imposante Barock-Fassade erhielt. Nach dem Ende der Gottorfer Souveränität verkam die Schlossanlage ebenso wie

der →*Barockgarten*; nach 1850 dienten die Gebäude dem Militär, bis schließlich 1947 die →*Landesmuseen* Einzug hielten.

Nach einem Brand 1492 veranlasste der seit 1490 regierende Herzog Friedrich eine rege Bautätigkeit. Damals entstand der Westflügel, dessen reich verzierte Fassade mit dem Standerker heute im Schlosshof zu bewundern ist

(nach einer Rekonstruktion in den 1980er-Jahren). Der Herzog trug als Friedrich I. von 1523 bis 1533 auch die dänische Königswürde, residierte jedoch weiterhin auf Schloss Gottorf; sein Grabmal aus Marmor, Kalkstein und Alabaster befindet sich im Schleswiger →*Dom*.

Unter Herzog Adolf, dem Begründer der Gottorfer Linie, erfolgten auf-

wendige Neu- und Umbauten, sein Sohn Johann Adolf vollendete den Nordflügel mit Schlosskapelle, Betstube und Hirschsaal. Dessen Sohn Friedrich III., Förderer von Kunst und Wissenschaft, ließ das Innere seiner Residenz prächtig ausstatten – es wurde „vom Frembden mit Lust besehen". Aus seiner Regierungszeit jedoch haben sich nur wenige Spuren im Schloss erhalten, der „Blaue Saal" zum Beispiel.

Friedrich IV., Regent seit 1694 und Verbündeter Schwedens, hatte hochfliegende Pläne – sie kommen im Umbau des Schlosses zum Ausdruck, der 1699 begann. Friedrich ließ den Südflügel verlängern und verbreitern, dieser bekam damals seine monumentale Barock-Fassade mit dem mächtigen Turm im Zentrum. Die strenge Symmetrie der Fassade mit der weithin sichtbaren Turmuhr war im übertragenen Sinne auch ein Bild der geordneten Gesellschaft – hier spiegelte sich die absolutistische Staatsauffassung mit dem Fürsten als Oberhaupt und Zentrum. Friedrich IV. fiel 1702 als schwedischer

Der „Blaue Saal": Friedrich III. ließ seine Residenz prächtig ausstatten – sie wurde „vom Frembden mit Lust besehen".

Schlosskapelle, Betstube und …

General auf einem Feldzug in Polen, er erlebte die Vollendung des Südflügels nicht mehr. Weitere Ausbaupläne wurden nicht mehr in Angriff genommen. Nach der endgültigen „Vertreibung" der Gottorfer Herzöge 1721 wurde das Schloss Sitz eines königlich-dänischen Statthalters, die kostbare Bibliothek, die Sammlungen, das gesamte Inventar kam als Beutekunst nach Kopenhagen. 130 Jahre später hatte die gescheiterte schleswig-holsteinische Erhebung zur Folge, dass die ehemalige Residenz erneut degradiert wurde: das dänische Militär richtete hier ein Lazarett ein, später dann eine Kaserne. Kaserne blieb Gottorf auch nach 1864 unter den Preußen.

Nach 1850 wurden sämtliche ehemaligen Nebengebäude abgerissen und durch kasernenkompatible Neubauten ersetzt – damals waren auf der Schlossinsel über 400 Pferde untergebracht. Aus der preußischen Zeit stammen die beiden Wachhäuschen (in einem befindet sich heute die Museumskasse) sowie das ehemalige Kommandanturgebäude gegenüber der Südfassade am Ufer des Burggrabens. Zwischen 1842 und 1848 wurden die Bastionen und Wälle geschleift und mit dem anfallenden Erdmaterial die Schlossinsel deutlich vergrößert. Der Charakter einer Befestigungsanlage hat sich damit verflüchtigt.

Beim Rundgang durch die Landesmuseen sind auch eine Reihe von Räumen zu besichtigen, die nach aufwendigen Restaurierungsarbeiten wieder einen Eindruck vom Glanz der ehemaligen Residenz vermitteln. Dazu gehört in erster Linie die Schlosskapelle, die unverändert die Zeiten überstanden hat; sie wurde ohne Unterbrechung für Gottesdienste genutzt. Die Ausstattung (Kanzel und Emporen) aus den 1590er-Jahren ist original erhalten, der Fürsten(bet)stuhl mit kostbaren Intarsien und Schnitzornamen-

... Hirschsaal im Nordflügel stammen aus der Zeit von Herzog Johann Adolf (1575–1616).

ten stammt aus den Jahren 1610–14. Die um 1500 entstandene Gotische Halle blieb beim Umbau des Südflügels erhalten, bis etwa 1730 beherbergte sie die fürstliche Bibliothek. Bemerkenswert sind weiterhin einige Festsäle: der „Blaue Saal", den Fried-

rich III. nach 1624 mit prächtigen Stuckverzierungen ausstatten ließ, stellt den Höhepunkt einer Reihe von Barock-Sälen dar. Er bot einen Super-Ausblick auf die Lieblingsspielzeuge des Herzogs: →*Globus*(haus) und →*Barockgarten*.

Schwansen und Angeln

Die Landschaft östlich von Schleswig ist ein Produkt der jüngsten Eiszeit, die vor 10 000 Jahren zu Ende ging. Sie ist geprägt von Jungmoränen – „Moränen" nennt man den während der Vereisung von Gletschern transportierten Gesteinsschutt. Die Hinterlassenschaften der größten Eisausdehnung sind unmittelbar westlich von Schleswig bei Hüsby und Dannewerk zu finden. Der eher flache →Geestrücken schließt sich im Westen an.

Die südlich der →Schlei bis zur Eckernförder Bucht reichende Landschaft Schwansen ist seit langer Zeit von der Gutswirtschaft geprägt. Große, mit Getreide bebaute Flächen bestimmen das Land, dazu gehören viele weiträumige Hofanlagen mit Allee, Torhaus und repräsentativem Herrenhaus, die meist aus dem 18. Jh. stammen. Gutsherrschaft und Leibeigenschaft bildeten sich heraus, nachdem im 14. Jh. die Landesherren (König oder Herzog) große Flächen an holsteinische Adlige verkauften oder verpfändeten.

Im Gegensatz dazu ist das Bild der Landschaft Angeln zwischen Schlei und Flensburger Förde eher von Klein- und Mittelbauern bestimmt, auch wenn es im Osten von alters her etliche bedeutende Güter gab, die wie in Schwansen und Holstein feudale Strukturen aufwiesen. Angeln ist wesentlich dichter besiedelt als die umliegenden Gegenden. Als vor rund 200 Jahren die Verkoppelung der zuvor allgemein genutzten Flächen erfolgte, entstand die charakteristische Angeliter Knicklandschaft: das jetzt private Eigentum der Bauern wurde durch Erdwälle gekennzeichnet, auf die man Hecken pflanzte. Diese „Knicks", wichtige Refugien für Flora und Fauna, insbesondere Singvögel, stehen heute unter Naturschutz. Soweit sie die Flurbereinigungen der letzten Jahrzehnte überdauert haben. Früher waren die hiesigen Bauern „für ihre Knicke sehr eingenommen", wie ein Besucher 1865 feststellte. Sie betrachteten sie als „Grundsäulen einer guten Landwirthschaft"; Gegenden, „wo es keine Knicke giebt, halten sie für landwirthschaftlich verwahrlost". Andere Beobachter rühmten die „sorgfältige Gartenpflege" der Bewohner dieses Landstrichs. Alle jedoch machten Bekanntschaft mit den engen Landstraßen, die sich nicht

Früher waren die Angeliter Bauern „für ihre Knicke sehr eingenommen".

scheu(t)en, „aus nicht erfindlichem Grund plötzlich einmal eine Haarnadelkurve zwischenzuschalten".

In der Bezeichnung „Angeln" hat sich der Name jenes Volksstammes erhalten, der zusammen mit Sachsen und Jüten vor rund 1500 Jahren die cimbrische Halbinsel in Richtung Britannien („England") verließ. Lange Zeit war die Halbinsel weitgehend entvölkert, bis im 9. Jh. eine Besiedlung von Norden her einsetzte. Ab dem 13. Jh. kamen aus dem Süden deutsche Bauern hinzu. Dies spiegelt sich auch heute noch in den Namen der Dörfer wider: Endungen wie -by, -rup, -torp und -toft lassen typische dänische Gründungen erkennen, -holz oder -feld bezeichnen jüngere deutsche Siedlungen.

Stadtgeschichte

Wie alt ist Schleswig? Knapp 300 Jahre, so ließe sich argumentieren: Im Jahre 1711 wurden die →*Altstadt*, das Gebiet um die Residenz →*Schloss Gottorf* sowie die Siedlungen →*Lollfuß* und →*Friedrichsberg* zur „combinirten Stadt Schleswig" vereinigt. Auch ließe sich der Anfang der städtischen Entwicklung in der Zeit Knud Lawards zu Beginn des 12. Jh. ansiedeln: damals gewann der Handelsplatz auf der Nordseite der →*Schlei* erstmals Bedeutung. Aber schon im Jahre 804 erwähnen fränkische Reichsannalen erstmalig die Siedlung Sliasthorp, und so entschieden die Stadtväter, dass Schleswig schon 1200 Jahre alt ist: 2004 feierte man ein ganzes Jahr lang Geburtstag. Sogar eine Briefmarke gab es, mit →*Dom*turm, →*Runenstein* und Wikingerboot. Also →*Haithabu* als Wiege der Stadt Schleswig.

Ein Handelsplatz von Bedeutung entstand am Ort der heutigen Altstadt nach Meinung der Experten schon vor der endgültigen Zerstörung der Wikinger-Siedlung am Haddebyer Noor im Jahre 1066. Die Bedeutung Haithabus als Fernhandelsplatz ging auf Schles-

Knud Laward

wig über. Eine große Zahl von Kirchen ist für Historiker der Beleg für die Bedeutung der Stadt als Händlertreffpunkt. Der Aufschwung der Stadt ist verbunden mit dem königlichen Statthalter Knud Laward, der sich auch als Schutzherr der Kaufleute verstand.

Der →Mord an diesem Herzog 1131 unterbrach die Entwicklung, und wenig später übernahm Lübeck die führende Rolle im Ost-West-Handel.

Dennoch: Obwohl der Fernhandel zurückging, behielt die Stadt für Dänemark hervorragende Bedeutung, als Herzogs- und als Bischofssitz – am Dom baute man kontinuierlich weiter. 1218 krönte hier König Waldemar II. seinen gleichnamigen Sohn in einer prächtigen Feier. Herzog Friedrich residierte auch nach seiner Wahl zum dänischen König weiter in Schleswig. Er wurde 1533 im Dom beigesetzt.

Nach 1544 wählten die Fürsten der Linie Schleswig-Holstein-Gottorf Schleswig als Zentrum ihres →Herzogtums. Das Schloss wurde zu einem neuen Siedlungskern: Adlige ließen sich standesgemäße Palais errichten, gelehrte Räte, Hof- und Staatsbeamte leisteten sich vornehme Bürgerhäuser, Handwerker und Bedienstete aller Rangstufen ließen sich nördlich und westlich der Schlei an den Zufahrtsstraßen zum Schloss nieder, die Siedlungen Friedrichsberg und Lollfuß entstanden. 1582 wurden sie durch den Gottorfer Damm verbunden; die Stadt war jetzt von Süden her besser zu erreichen.

Den Abschluss dieser Entwicklung setzte der Regierungsentscheid von 1711, der alle Ortsteile zur „combinirten Stadt Schleswig" zusammenfasste. Ein durchreisender Marktbeschicker reimte: „Wie eine Fleischwurst lang und schmal am Rande einer Schüssel liegt, so hat auch Schleswig Stadt und Burg sich an den Strand der Schlei verfügt."

Da aber war die große Zeit der Residenzstadt praktisch vorbei, denn zwei Jahre später besetzten dänische Truppen das Herzogtum, und die Gottorfer Fürsten verloren ihr Stammland. Stadt und Herzogtum wurden nun von einem „Statthalter" verwaltet, meist einem nahen Verwandten des dänischen Königs.

Das Schleswig der Statthalterzeit charakterisieren Historiker als „stille Landstadt" – keine herzogliche Hofhaltung, kein Glanz, kein Wohlstand. Auch erholte sich die Stadt nur langsam von den vielen kriegerischen Auseinandersetzungen der vergangenen Jahrzehnte. Der oben zitierte Fleischwurst-Poet reimte weiter: „Zu laufen hin und her muss einer unverdrossen sein, doch ist die Hoffnung zum Gewinn verteufelt klein."

Ein bisschen Sonne verbreitete der Mini-Hof des Statthalters Carl von Hessen, der von 1768 bis 1836 in Schleswig residierte. Er frönte der Leidenschaft fürs →Theater, und Feierlichkeiten verbreiteten den milden Glanz eines kleinen Hofes. Den Schleswigern galt der hoch angesehene Statthalter als „Bürgerkönig".

Es folgte die Zeit der nationalen Auseinandersetzungen, und Schleswig wurde plötzlich zu einem neuen politischen Zentrum. 1836 trat die Ständeversammlung des Herzogtums im →Rathaus zusammen, und 1844 war die Stadt Schauplatz einer hochpolitischen Kundgebung: zum Sängerfest kamen Tausende zusammen und sangen „mit Kraft und Feuer" die Bellmann-Chemnitz-Hymne vom meerumschlungenen Schleswig-Holstein. Ebenfalls neu in der politischen Landschaft: Man schwenkte ein blau-weiß-rotes Banner, ursprünglich die Farben der Schleswiger Liedertafel.

Nach Dänemarks Niederlage 1864 wurde Schleswig Sitz der preußischen Provinzialregierung. Sichtbarer Ausdruck des neuen Status war 1875/78 der Bau des pompösen Regierungsgebäudes, in dem heute das →Oberlan-

desgericht untergebracht ist, sowie des neugotischen Domturmes (1888-94), der die Reichszugehörigkeit symbolisierte. Den Anfang preußischer Bautätigkeit hatten 1869 die Domschule und 1876 das Postamt am Stadtweg gemacht.

Das Schleswiger Stadtwappen: Turm und Mauer einer frühen Burg auf der Möweninsel, dazu die Wellen der Schlei. Halbmond und Stern sind eher rätselhaft.

Stadtmuseum

Erste Adresse zum Thema →*Stadtge-schichte* ist das Museum im Stadtteil →*Friedrichsberg*. Ende des 19. Jahr-hunderts im Ergebnis der Gründung des „Vereins zur Sammlung vorhan-dener Altertümer" entstanden, ent-hält es heute eine umfassende Präsen-tation der Geschichte von der Stadt-gründung bis ins 20. Jh.

Bemerkenswert ist schon das Ge-bäude, der Günderoth'sche Hof, eines der schönsten Anwesen dieser Art im Lande. Benannt ist es nach einem got-torfischen Hofmarschall, der es 1675 erwarb. Errichtet wurde es jedoch schon um 1640 als Gästehaus des Her-zogs Friedrich III., der im Zuge seiner hochfliegenden Orient-Politik den Gegenbesuch einer persischen Ge-sandtschaft erwartete, die standesge-mäß unterzubringen war. Hofmar-schall Friedrich von Günderoth ließ dann später das Torhaus und die den Hof flankierenden Fachwerkbauten hinzufügen.

Beeindruckend ist die Eingangshalle mit der weitausschwingenden baro-cken Treppenanlage, Ergebnis eines Umbaus nach 1700. Erdgeschoss und

Günderoth'scher Hof, Torhaus

Galerie bieten Gelegenheit, Porträts und beschauliche Szenen von Malern zu präsentieren, die in Schleswig gebo-ren wurden oder der Region anders verbunden waren. Die Ölgemälde stammen durchweg aus dem 19. Jh.

Die nationalen Gegensätze zwischen →*Dänen* und Deutschen seit den 1830er-Jahren nehmen breiten Raum ein. Symbolträchtig: das Banner des Schleswiger Gesangsvereins von 1839, der zu einem wichtigen Akteur der deutsch-nationalen Bewegung in Schleswig-Holstein wurde. Die kriege-rischen Auseinandersetzungen von

Das Hauptgebäude ließ Herzog Friedrich III. um 1640 für eine persische Gesandtschaft errichten, die dann aber gar nicht kam. Torhaus und Seitenflügel fügte Hofmarschall Günderoth hinzu.

1848–51 und 1864 sind ebenso ausführlich dargestellt wie die Veränderungen in Stadtbild und Alltagsleben der schließlich preußischen Provinzhauptstadt Schleswig. Fotos dokumentieren die rege Bautätigkeit.
Ein „Schleswiger Zimmer aus dem ersten Viertel des 19. Jh." präsentiert ein Ensemble aus den Stilepochen Empire und Biedermeier, und auch die Sozial- und Alltagsgeschichte nimmt breiten Raum ein, nicht zuletzt in den Räumen, die der Fischersiedlung →*Holm* gewidmet sind. Wie die Moderne in

Technik, Wirtschaft, Verkehr, Alltags-
leben und Politik Einzug ins beschau-
liche Schleswig hielt, darüber findet
der Besucher vieles in der Abteilung
„Von der Jahrhundertwende bis zum
Ende des Zweiten Weltkrieges".
Unter dem Dach ist eine umfangreiche
Spielzeugsammlung zu sehen, die ein
Kinderarzt zusammengetragen hat:
Papiertheater und Schaukelpferde,
Puppenstube und Kaufmannsladen,
Blechspielzeug, Tretautos und Kasper-
lepuppen stammen vom Ende des 19.
Jh. und aus der ersten Hälfte des 20.
Jh. In einem Nebengebäude ist seit
2002 eine große Privatsammlung his-
torischer Teddybären untergebracht.
Hier wird definitiv geklärt, wie der

Requisiten aus der Kaiserzeit: „Ham Se jedient?"

Teddybär zu seinem Namen kam und warum er so beliebt ist.

Weitere Nebengebäude bieten Raum für wechselnde Fotoschauen und eine historische Druckerei, die daran erinnert, dass die Stadt über Jahrhunderte ein bedeutender zentraler Druckort in Norddeutschland war. In einer Halle finden Sonderausstellungen und Veranstaltungen statt. Sehr informativ: die Abteilung Sliesthorp – Haithabu – Schleswig erläutert auf Schautafeln und mit computergenerierten bunten Bildern, wie sich die Experten das Leben in der ersten Zeit nach der Stadtgründung vorstellen.

Zwei Außenstellen sind noch zu erwähnen: das Museum für Outsiderkunst im →*Präsidentenkloster* sowie das kleine Holm-Museum in der Süderholmstraße 2.

Stadtweg

Ursprünglich hieß die Straße Gottorfer Weg und stellte zusammen mit dem →*Lollfuß* die Verbindung her zwischen den beiden Zentren →*Altstadt* und →*Schloss*. Bereits 1695 wurden beide Straßen auf fürstliche Anordnung planiert und gepflastert; Hofbeamte besaßen hier z. T. ausgedehnte Anwesen, die nur allmählich aufgeteilt wurden. Erst in der preußischen Zeit bebaute man die letzten Lücken, wodurch erst eine geschlossene Häuserflucht auf beiden Seiten entstand.

Heute ist die vor Jahrzehnten zur Fußgängerzone umgestaltete Ladenstraße das Geschäftszentrum der Stadt. Der Besucher kann sich zu einem „gemütlichen Bummel ohne Hetze" einladen lassen, dabei über im Wege stehende Werbeschautafeln stolpern und gegen unmotiviert in den öffentlichen Raum gebaute Blumenkübel laufen. Kostenlos kann er ein Horrorkabinett bewundern, das weit und breit seinesgleichen sucht: stillos, planlos, schamlos hat eine unheilige Allianz von Stadtplanern und Bauherren alte Fassaden zerstört, mit

Stadtweg: seit Jahrzehnten Fußgängerzone

geschmacklosen Neubauten geklotzt und auf diese Weise ein Ensemble geschaffen, in dem nichts mit nichts zusammenpasst und das jeglichen Charme und jede Art von Atmosphäre vermissen lässt. Mit einem Wort: sehenswert!

Hörenswert ist dagegen eine Veranstaltung am letzten Juli-Wochenende: „Swinging City". Seit fast zwei Jahrzehnten wird bei dieser Gelegenheit die Innenstadt zur Party-Meile, ein abwechslungsreiches Programm mit Jazz, Blues, Rockklassikern und modernen Disco-Klängen bildet den Rahmen, hinzu kommen jede Menge Aktionen und Comedy-Veranstaltungen.

Theater

Finanzielle Schwierigkeiten begleiteten die Theatermacher von Anfang an, ebenso dauerhaft jedoch war der Wunsch, in Schleswig Schauspiele auf der Bühne zu erleben. Das Schleswig-Holsteinische Landestheater besteht in der heutigen Form seit 1974 und ist die größte Landesbühne der Bundesrepublik. Geldmangel erzwang die Fusion der bis dahin selbstständigen Bühnen in Schleswig, Flensburg und Rendsburg. 19 Gesellschafter-Städte hoben die GmbH aus der Taufe, und in diesen 19 Städten gibt es Aufführungen des Landestheaters. Intendanz,

Schleswigs Theaterleute haben ...

Verwaltung, Dramaturgie und ein Teil des Ensembles sind in Schleswig untergebracht, der andere Teil hat Rendsburg als Probenstandort. Flensburg ist Sitz des →*Musiktheaters* und des Ballettensembles.

Trotz aller Sparzwänge versucht das Theater, ein breites Angebot aufrechtzuerhalten: Klassiker und Gegenwartsautoren, Ernstes und Unterhaltsames, dazu Oper und Operette. Eine ganz alte Tradition hat man vor Kurzem wiederbelebt: das Puppentheater, auch für ein erwachsenes Publikum. Ein Theaterjugendclub widmet sich mit Schultheatertagen und szenischen Lesungen den Interessen und Problemen von Jugendlichen. Ein Theatererlebnis der besonderen Art bieten die Schlossfestspiele im Juni und Juli: Der Innenhof von →*Schloss Gottorf* sorgt für die richtige Atmosphäre bei „Romeo und Julia" oder anderen Klassikern. Wenn denn keine nordatlantischen Tiefausläufer ihr böses Spiel treiben.

Schleswig hat eine lange Theatertradition. Lässt man die Puppenspieler, Gaukler und Seiltänzer einmal beiseite, die auf mittelalterlichen Märkten das Volk erfreuten, so waren es zunächst Wandertruppen, die seit dem 17. Jh. auch das Schleswiger Publikum unterhielten. Das in den 1760er-Jahren von Lessing mitgegründete „Deutsche Nationaltheater" aus Hamburg war auf Einladung des dänischen Statthalters Landgraf Carl von Hessen mehrfach in Schleswig zu Gast. Der Landgraf rief dann um 1780 das Gottorfer „Hoftheater" ins

... keine Angst vor nordatlantischen Tiefausläufern.

Leben, das nicht etwa private Aufführungen im noblen Kreise darbot, sondern durchaus auch der Schleswiger Bevölkerung offenstand.

Seither gab es Theater in Schleswig, ständig jedoch von Geldmangel begleitet. Um eine aufwendige Inszenierung finanziell abzusichern, muss sie oft genug vor ausreichend Publikum dargeboten werden, und für ein dauerhaft bespieltes Haus ist der Ort einfach zu klein. Immer wieder gab es daher Versuche, mit anderen Städten zu kooperieren.

Einen 1839 errichteten Theaterbau ließ die Regierung 1882 schließen. Er könne den Erfordernissen selbst durch einen Umbau nicht gerecht werden, hieß es. Das heutige Gebäude im →Lollfuß wurde 1892 fertig, und gleich in der ersten Spielzeit im neuen Haus erlebten die Schleswiger Theaterfreunde einen Höhepunkt: den großen Joseph Kainz als Gast in einer Hauptrolle. Doch schon 1904 beschrieb die ansonsten theaterbegeisterte Lokalzeitung den „Musentempel" als „verlassenes Treibhaus mit ausgegangenen Pflanzen".

Wie groß dennoch das Interesse der Schleswiger an Theateraufführungen ist, trotz aller widrigen Umstände, zeigt sich auch daran: Es gibt sogar zwei plattdeutsche Theatergruppen, die Niederdeutsche Bühne und die Schleswiger Speeldeel.

Volkskunde Museum

Die volkskundlichen Sammlungen der Stiftung →*Landesmuseen* sind in 1 km Entfernung von →*Schloss Gottorf* auf dem Hesterberg untergebracht, in einer nach 1870 errichteten Backstein-Gebäudegruppe, die mit der Museumsinsel auch historisch verbunden ist. Sie diente als Proviant- und Futterlager für die auf dem Schloss stationierte Kavallerie-Garnison. Präsentiert werden Leben und Arbeit von Bauern und Fischern in vorindustrieller Zeit, außerdem gibt es einen Tante-Emma-Laden von 1940 und ein Eiscafé von 1957. Eine weitere Abteilung widmet sich den Kindern und zeigt Spiele und Spielzeug. Nicht auf dem Hesterberg, sondern auf der Schlossinsel sind eine Sammlung von Kutschen sowie die Volkskunst-Abteilung zu sehen.

„Als der Kremser noch fuhr raus ins Grüne …" – nein, einen „Kremser" gibt's hier nicht, dafür ist die preußische Metropole mit „Berlinen" in der Kutschenhalle vertreten. Ein Landauer, nobel und elegant, steht gleich am Eingang: „à la Carré", mit eckigen Türen zum bequemen Einsteigen. Dieser Wagen wurde um 1890 für Prinz Heinrich höchstpersönlich von der Kieler Firma Rehm gebaut; der Oberbefehlshaber der deutschen Ostseeflotte nutzte den Landauer für seine Fahrten nach Kiel, er residierte auf Gut Hemmelmark bei Eckernförde. Hinzu kommen original erhaltene Beispiele fast aller Typen und Klassen: geschlossene Coupés und Dormeusen, offene Vis-à-Vis, sportliche Char-à-Bancs, Postkutsche und Postschlitten. Absolut sehenswert! Abgerundet wird die Sammlung mit allerlei Reiseutensilien der vornehmen Welt: Picknick-Koffer, Reisetaschen, Wagenlaternen.

Historische Fahrzeuge bietet auch die Außenstelle auf dem Hesterberg – Prunkstück ist eine Carriole von 1785, ein einachsiger Wagen für Ausfahrten, mit dem wohlhabende Marschenbauern vergnügt „herumkarjolen" konnten. Ansonsten zeigt die landwirtschaftliche Ausstellung eine Vielzahl von Geräten, die im Lauf des Jahres benötigt wurden – Feldbestellung, Torfgewinnung, Ernte und Verarbeitung, Jagd und Viehhaltung sind die wichtigsten Themen. Im Mittelpunkt der Abteilung Ostseefischerei stehen drei typische Fischerboote: aus Gothmund bei Lübeck, aus Ellerbek bei Kiel und vom →*Holm* in Schleswig. Neben den wichtigsten Fangmethoden und -geräten sind auch die Lebensbedingungen der Fischerfamilien Thema der Ausstellung.

Die Volkskunst-Abteilung im Schlossgebäude zeigt vor allem das, was man im vorindustriellen Schleswig-Holstein unter einer „Guten Stube" verstand:

komplette Raumensembles des 18. und 19. Jh. aus Nordfriesland, Holstein und Dithmarschen enthalten repräsentative Schaustücke – Truhen, Schränke und anderes Mobiliar, Wandschmuck und Kleidung. Normale Gebrauchsgegenstände des Alltags waren eher einfach und zweckdienlich gestaltet. Bemerkenswert auch die sog. Kapitänsbilder: Schiffsführer ließen gerne in Takelage und Aufbauten sehr detaillierte „Porträts" ihrer Segler anfertigen.

Die Kutschen sind Prunkstücke der Volkskunde-Sammlungen.

Segeln auf der →*Schlei* hat natürlich eine lange Tradition, die zumindest bis in die Wikingerzeit zurückreicht. In der Neuzeit demonstrierten die Fischer vom →*Holm*, wozu Wind und Wasser nützlich sein können. Gerade das Beispiel ihrer harten Arbeit bei jedem Wetter dürfte aber den Landratten veranschaulicht haben, dass hier nicht unbedingt ein Lustgewinn winkte. So verzeichnen denn die Chroniken erstmals für den 26. Juli 1891 eine Regatta vor Schleswig.

Wahrscheinlich segelte man auch schon etwas früher nur so zum Spaß auf der Schlei, bis zur Gründung

Die Zahl der Bootshäfen und Liegeplätze ...

des ersten Segelclubs dauerte es jedoch noch weitere 13 Jahre: im August 1904 hob man den Schleswiger Segel-Club aus der Taufe, ein Jahr später dann den Schlei-Segel-Club. In den anderen Küstenstädten war man deutlich schneller. Dass jedoch in dieser Zeit an der Wasserkante die Segelvereine aus dem Boden sprossen wie Waldpilze nach

… hat an der Schlei in den letzten Jahren deutlich zugenommen.

einem warmen Sommerregen, hat durchaus auch politische Gründe. Seit 1888 saß Wilhelm II. auf dem Kaiserthron; der Enkel von Königin Victoria hatte von seinen England-Besuchen nicht nur seine Begeisterung für Meer und Marine mitgebracht, sondern auch Enthusiasmus für den Segelsport.

Bedeutende Regatta-Veranstaltungen gibt es heute zwar nicht in Schleswig, dafür segeln, rudern und paddeln die Jedermänner umso eifriger. Bootshäfen und Liegeplätze haben in den letzten Jahren deut-lich zugenommen, nicht immer zur Freude derjenigen, die sich um →*Natur und Umwelt* oder um die →*Fischerei* sorgen.

Wikinger-Museum

In unmittelbarer Nähe der historischen Siedlung →Haithabu am Haddebyer Noor wurde 1985 das Museum eröffnet. Die Hauptattraktion und der Grund für den Bau des Museums an dieser Stelle: die Rekonstruktion eines königlichen Langschiffs aus der Wikingerzeit, das 1979/80 im Hafengebiet der Siedlung geborgen werden konnte. Dabei sind die Originalteile für Laien etwas enttäuschend, ein Neubau hingegen vermittelt ein eindrucksvolles Bild davon, wie Kriegsschiffe jener Zeit wohl ausgesehen haben. Das Museum ist der Archäologie und Geschichte Haithabus gewidmet und ist Teil der Stiftung Schleswig-Holsteinische Landesmuseen →Schloss Gottorf (→Archäologisches Landesmuseum).

Haithabu war kein Piratennest der Wikinger, sondern ein zentraler Handelsplatz in Nordeuropa. Fast 1000 Einwohner dürfte der Ort während seiner Blütezeit gehabt haben, unter damaligen Bedingungen eine beachtliche Siedlungsgröße. Handwerker begannen, für einen sich entwickelnden Markt zu produzieren: aus Gold und Bernstein stellte man Schmuck her, Kammmacher fertigten aus Hirschgeweih oder Knochen Kämme, Haarnadeln, Messergriffe, Würfel oder Spielsteine. Natürlich gab es an diesem Hafenplatz Schiffbauer. Eine Vorstellung vom Alltagsleben vermitteln Funde aus den Bereichen Haushalt und Wohnen, Ernährung und Bekleidung. Außerdem sind Handwerk und Handel Schwerpunkte der Präsentation.

Haithabu war auch Ausgangspunkt für die christliche Mission in Skandinavien. Die Altertumsforscher gehen davon aus, dass an diesem Ort über 200 Jahre lang Heiden und Christen weitgehend friedlich nebeneinander gelebt haben. Daher sind heidnischer Glaube und christliche Religion weitere Themen der Ausstellung, ebenso Bestattungsriten, Schrift und →Runensteine.

Seit 2003 versucht man, dem Besucher einen sehr anschaulichen Einblick in den Alltag der Wikingerzeit zu verschaffen: Auf dem Gelände innerhalb des historischen Halbkreises entstehen Häuser der Wikingerzeit, nach Ergebnissen der Ausgrabungen mit Computerhilfe rekonstruiert und an-

Schiffbau, Handel und Alltagsleben sind Schwerpunkte der Ausstellung.

schließend originalgetreu aufgebaut. Leichter gesagt als getan: die damaligen Boots- und Häuslebauer kannten noch keine Sägen – daher musste (und muss) das Holz mühsam behauen werden. Die lehmverputzten Flechtwandhäuser mit wenigen kleinen Öffnungen lassen auch erkennen: Dunkel war's damals.

Vieles bleibt weiterhin rätselhaft, so das Nebeneinander von Rabauken und friedlichen Kaufleuten. Offenbar wurden damals Handel und Raub nicht als gänzlich verschiedene Dinge betrachtet: manch einer, so scheint es, ging auf ein und derselben Fahrt bei-

den Beschäftigungen nach. So gesehen war Raub nur die kostengünstigere Methode, um an begehrte Güter zu kommen.

Die Umgebung ist gut durch Wander- und Fahrradwege erschlossen. Es gibt einen Rundweg um das Haddebyer und das Selker Noor, in Museumsnähe sind mehrere Runensteine zu bestaunen – an den Fundorten stehen Nachbildungen; die Originale sind im Museum zu sehen. Außerdem kann man den Halbkreiswall erwandern, der die historische Siedlung schützte, ebenso Teile des Verbindungswalles zum →*Danewerk*.

Wiking-Turm

Es gibt diese Geschichte von dem berühmten Maler, der meist auf dem Eiffelturm anzutreffen war. Ob er den denn so sehr liebe, wurde er gefragt. „Unsinn", lautete die Antwort, „dies ist der einzige Platz, an dem ich das schreckliche Ding nicht sehe!"

Kein weiterer Kommentar nötig? Doch, einer schon: die Aussicht ist, man kann es nicht anders sagen, grandios, (fast) egal von welcher Höhe. Und egal in welche Richtung der Besucher schaut: auf den Burgsee mit →*Schloss Gottorf* im Westen, im Osten auf die →*Schlei* in ihrer ganzen Länge mit Nooren, Buchten und En-

ein Drittel wird nur am Wochenende genutzt, das restliche Drittel wird von den Eigentümern ständig bewohnt. Etwa 15 Appartements stehen üblicherweise zum Verkauf – eine normale Fluktuation.

Die heutige Normalität war nicht immer gegeben. Von der Grundsteinlegung bis zum Einzug der ersten Bewohner dauerte es sechs Jahre, der Initiator und Investor ging darüber pleite. Die Anonymität führte dazu, dass sich nicht nur Leute mit gutbürgerlichen Umgangsformen einfanden – Kriminalität, Drogen und Prostitution brachten den Turm in Verruf. Das ist vorbei: nicht nur für die Haustür, auch für den Fahrstuhl benötigt man jetzt einen Wohnungsschlüssel.

Noch ein paar Daten: Das Gebäude ist gut 85 m hoch und hat 27 Etagen, die Gesamtnutzfläche beträgt 11 415 m². Eine Seite ist 11,50 m lang, der Durchmesser beträgt 31,75 m. Viermal im Jahr kommen die Fensterputzer: 3316 m² Glas haben sie blankzuwienern. Eine öffentlich zugängliche Aussichtsplattform gibt es nicht, wohl aber ein Restaurant in der 26. Etage. Das Panorama: siehe oben.

Trotzdem hatte der Maler recht.

gen. Die Stadt und die →*Möweninsel* scheinen einem zu Füßen zu liegen. So erstaunlich ist es also nicht, dass manche Bewohner jetzt schon seit über 30 Jahren hier leben, im November 1977 zogen die ersten ein.

Fast 250 Eigentumswohnungen enthält der Turm, 30 oder 60 qm groß. Ein Drittel der Wohnungen ist vermietet,

Zwieback-Regatta

Bei anderen Segel-Wettbewerben wären diese Kähne ohne Chancen, selbst wenn sie hochseetauglich wären. Zum Einsatz kommen nämlich keine mit Hightech vollgestopften Kunststoff-Flitzer, sondern historische Holmer Fischerboote. Und der Name? Ganz einfach: Zur ersten Nachkriegsregatta gefiel sich ein geiziger Bäcker darin, als ersten Preis eine Tüte Zwieback zu spendieren – und das war selbst den ansonsten genügsamen Fischern vom Holm zu viel. Den Preis bekam nicht der Sieger, sondern der Letzte. Dabei blieb es bis heute.

Um die ausgemusterten Fischerkähne sorgt sich seit 50 Jahren der Holmer Segelverein Schleswig (HSVS). Jugendarbeit wird großgeschrieben, gerade hat man ein Bootshaus errichtet. Die Regatta übrigens findet in jedem Jahr Ende August statt. Für Sprachunkundige: Offiziell heißt die Veranstaltung auf gut Plattdeutsch „Twiebakken-Regatta".

Winderprobt: historische Holmer Fischerboote

Literaturauswahl

Bruhns, Oliver und Reimer Witt: 1200 Jahre Schleswig, Schleswig 2006

Christiansen, Theo: Schleswig 1836–1945. Eine Stadt und ihre Bürger, Schleswig 1973

Degn, Christian: Schleswig-Holstein, eine Landesgeschichte. Historischer Atlas, Neumünster 1995

Elsner, Hildegard: Haithabu – ein Handels- und Gewerbezentrum der Wikingerzeit, Archäologisches Landesmuseum 1988

Elsner, Hildegard: Haithabu: Schaufenster einer frühen Stadt, Archäologisches Landesmuseum o. J.

Philippsen, Heinrich: Alt-Schleswig, Schleswig 1924

Rüdel, Holger: Der Holm. Schleswigs alte Fischersiedlung, Husum 2007

Scharff, Alexander: Schleswig-Holsteinische Geschichte – ein Überblick, Würzburg 1966

Spuren. Schleswig 1920–1945. Von der Demokratie zur Diktatur. Veröffentlichungen des Städtischen Museums Schleswig, Bd. 1, Schleswig 1987

Stiftung Schleswig-Holsteinische Landesmuseen Schloss Gottorf: Museumsführer, München o. J.

Umschlag: St. Petri-Dom, rekonstruierte Wikinger-Siedlung, Schloss Gottorf, Wiking-Turm
Vorsatz vorne: Prinzenpalais in der Friedrichstraße
Vorsatz hinten: Schleirundfahrt mit der „Wappen von Schleswig"
Im Folgenden werden die Museen etc. genannt, die dankenswerterweise bereit waren, ihre
Schätze für die Aufnahmen zur Verfügung zu stellen. Die Aufzählung erfolgt in alphabetischer
Reihenfolge: St. Petri-Dom Seite 33, 41, 42/43,45, 92, Landesarchiv Schleswig-Holstein Seite 77,
Schleswig-Holsteinische Landesbibliothek Seite 65, 66/67, 118, Schleswig-Holsteinische Landes-
museen Schloss Gottorf Seite 7, 16, 18, 19, 80, 113, 114, 115, 129, Schleswig-Holsteinisches Landes-
theater Seite 127, Stadtmuseum Schleswig Seite 101, 124, St.-Johannis-Kloster Seite 73, 75,
Wikinger-Museum Haithabu Seite 63, 133, Wikingertage 48, 49.

Bibliografische Information der Deutschen Nationalbibliothek

Die Deutsche Nationalbibliothek verzeichnet diese Publikation
in der Deutschen Nationalbibliografie; detaillierte bibliografische
Daten sind im Internet über http://dnb.d-nb.de abrufbar.

© 2008 by Husum Druck- und Verlagsgesellschaft mbH u. Co. KG,
    Husum
Gesamtherstellung: Husum Druck- und Verlagsgesellschaft
Postfach 1480, D-25804 Husum – www.verlagsgruppe.de
ISBN 978-3-89876-378-3

Inhalt

1666: Herzog Christian Albrecht lässt den Brüggemann-Altar in den Dom bringen.
1694: Friedrich IV. (1671–1702) wird Herzog.
ab 1699: Friedrich IV. lässt Schloss Gottorf umbauen und erweitern. Die barocke Südfassade entsteht.
1711: Aus Altstadt, Lollfuß und Friedrichsberg entsteht durch Regierungsbeschluss die „combinirte Stadt Schleswig".
1713: Dänemark besetzt Stadt und Herzogtum Schleswig. Der König kassiert das Lehen Gottorf ein.
1718: Karl Friedrich (1700–1739) wird regierender Herzog.
1721: Durch die Niederlage der verbündeten Schweden im Nordischen Krieg verlieren die Gottorfer ihr Herzogtum endgültig. Ihnen bleibt nur ein kleines Restterritorium in Holstein. Gottorf wird Sitz eines dänischen Statthalters.
1768–1836: Carl von Hessen ist dänischer Statthalter in Schleswig.
1794: Das neue Rathaus entsteht auf den Fundamenten der Klosterkirche.
1836: Die Ständeversammlung des Herzogtums tritt im Rathaus zusammen.
1844: Sängerfest in Schleswig: Das Schleswig-Holstein-Lied und die blau-weiß-rote Fahne haben ihren ersten Auftritt.
1848: Auseinandersetzungen um die künftige Verfassung führen zur Erhebung der deutschen Schleswig-Holsteiner gegen Dänemark. In der Osterschlacht bei Schleswig (23. April) schlagen die verbündeten deutschen Truppen die Dänen.
1850: Die schleswig-holsteinische Armee unterliegt den Dänen bei Idstedt (25. Juli). – Schloss Gottorf wird erst Lazarett, später Kaserne.
1852: Das Land wird wieder der Autorität der dänischen Krone unterstellt.
1864: Nach dem deutsch-dänischen Krieg verzichtet der dänische König zugunsten Österreichs und Preußens auf die Herzogtümer Schleswig, Holstein und Lauenburg.
1867: Am 12. Januar erlässt der preußische König das „Besitzergreifungspatent": Die Herzogtümer werden preußische Provinz, Schleswig wird Landeshauptstadt.
1875–78: Das Regierungsgebäude entsteht (heute: Oberlandesgericht).
1888–94: Der Turm des Domes wird vollendet.
1892: Der neue Theaterbau im Lollfuß wird fertig.
1947: Schleswig verliert den Status als Landeshauptstadt an Kiel. Als Ausgleich kommen Landesmuseen, Landesarchiv und Oberlandesgericht in die Schleistadt.
1971: Der Grundstein für den Wiking-Turm wird gelegt. Die ersten Bewohner ziehen 1977 ein.
1985: Das neue Wikinger-Museum am Haddebyer Noor wird eröffnet.

Chronik

804: Sliesthorp / Haithabu wird in fränkischen Annalen erstmals erwähnt.

1050: Haithabu wird durch norwegische Wikinger verwüstet.

1066: Haithabu wird von Slawen endgültig zerstört.

um 1070: Die Stadtgründung auf dem Nordufer und der Umzug aus Haithabu sind abgeschlossen.

1115: Knud Laward wird „Jarl" (Herzog, Statthalter) in Schleswig.

1131: Knud Laward wird ermordet.

1134: König Niels wird ermordet. Der Dom wird erstmals erwähnt.

1161: Auf der Gottorfer Schlossinsel entsteht eine erste (Bischofs-)Burg.

1218: Krönungsfest im Dom: Waldemar II. krönt seinen Sohn.

1250: Herzog Abel lässt seinen Bruder Erik (Plogpenning) gefangen nehmen und ermorden.

1268: Die Herzöge verlegen ihre Residenz von der Möweninsel auf die Schlossinsel.

1460: Vertrag von Ripen: Der dänische König Christian I. von Oldenburg (1426–1481, Regent ab 1448) wird zum Herzog von Schleswig und zum Grafen von Holstein gewählt. Als Landesherr erhält der König Schloss Gottorf.

1492: Friedrich I. (1471–1533, Herzog ab 1490) lässt nach einem Großbrand im Schloss die Gotische Halle bauen.

1523: Friedrich I. residiert auch als dänischer König weiter auf Schloss Gottorf.

1527: Nach der Einführung der Reformation in Schleswig wird der Dom eine lutherische Pfarrkirche.

1544: „Geburtsjahr" des Herzogtums Schleswig-Holstein-Gottorf. Adolf (1526–1586), jüngster Bruder des dänischen Königs Christian III. und gerade volljährig geworden, wählt den sog. „Gottorfer Anteil", benannt nach dem Hauptschloss.

1582: Durch den Gottorfer Damm ist Schleswig jetzt von Süden her besser zu erreichen.

1590: Johann Adolf (1575–1616) wird Herzog.

1596: Johann Adolf heiratet Augusta, die Schwester des dänischen Königs.

1616: Friedrich III. (1597–1659) wird Herzog.

1633–39: Herzog Friedrich III. schickt Handelsexpeditionen nach Russland und Persien.

ab 1637: Der Barockgarten Neuwerk entsteht.

ab 1650: Die Siedlung Friedrichsberg entsteht.

1658: Durch den Friedensvertrag von Roskilde wird Gottorf ein souveräner Staat.

1659: Christian Albrecht (1641–1694) wird Herzog. Der barocke Neuwerk-Garten wird vollendet.